KB251894

빛깔있는 책들 ●●●

270

한국의 벽사부적

글 | 김영자

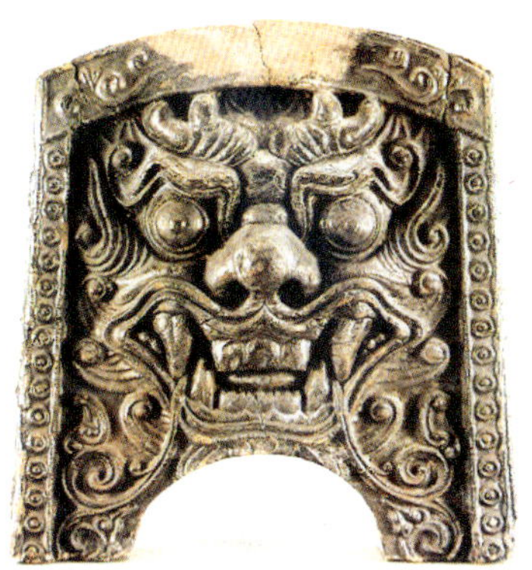

대원사

지은이 | 김영자

1974년부터 인테리어 디자인 사무실, 화랑 운영(람아트바자 www.ramgallery.co.kr)
2006년 고려대학교 대학원 박사학위 취득, 한국민속학 전공

이 책이 나오기까지 아낌없는 격려와 도움을 주신 최광식 교수님, 전경욱 교수님, 유영대 교수님, 김종대 교수님, 윤열수 관장님, 김효경 학우님과 그 외 많은 학우 여러분, BK21 직원 여러분에게 깊은 감사를 드립니다.

차 례

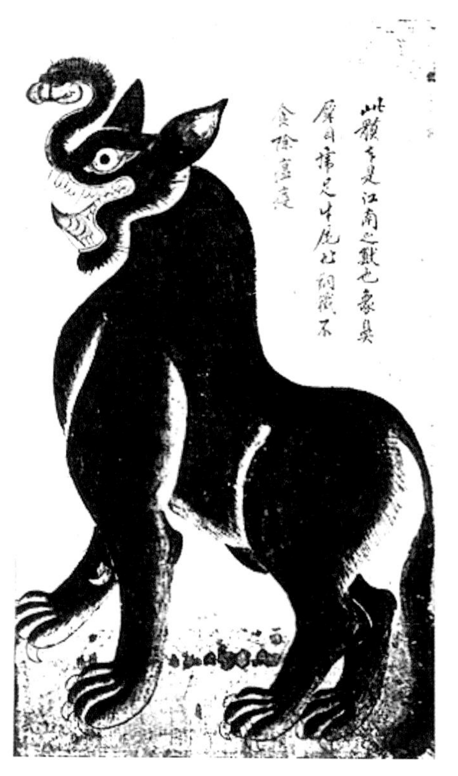

此獸乃是江南之獸也象吳
屍用捕足牛虎此祠穢不
食餘畫庭

한국의 벽사부적

머리말

부적은 종교가 발생하기 이전부터 있었던 주물로 흉신凶神, 사귀邪鬼를 쫓고 재액災厄을 예방하는 그림이나 글씨를 말한다. 부적의 소재는 자연물·인물·추상 기호·문자·문양 등 다양하게 나타난다.[1]

중국이나 일본에서는 주부呪符 혹은 부주符呪라 하지만, 우리나라에서는 흔히 부적符籍이라 한다.[2] 부적의 자의字意를 해석하면, 부신 부符자와 서적 적籍자로 이루어졌다. 부는 부신符信[3], 증거證據, 도장圖章, 상서祥瑞, 미래기未來記, 맞는다의 뜻을 지니고 있으며, 적은 문서文書, 서류書類, 책冊, 명부名簿, 대쪽, (호적에) 올리다, 밟는다의 의미를 지닌다.[4]

주문呪文이 귀신들과 통하는 말이라면, 부적은 귀신이나 사령, 신령들의 세계와 통하는 '통신문通信文'이면서 해당 목적에 관계되는 신도神道[鬼神]에게 그 내용을 그림이나 글자를 통하여 전달하거나 지시하는 일종의 수결手決, 즉 사인sign이기도 하다.

결국 부적은 초월적인 힘을 빌어서 풍요·무병·생식 등 삶의 질서를 유지하기 위한 주술의 표상이며, 주력呪力의 내면화된 습관적 사용에 의해 정착된 하나의 상징적 기호이다. 다시 말해 주력을 은유, 환유한 공중公衆의 의도적인 상징물인 셈이다. 그래서 부적을 원시적 자연신앙의 한 형식으로 보기도 한다.[5]

부적은 일반적으로 크게 복을 기원하는 길상吉祥부적과 사악한 기운을 막고자 하는 벽사邪부적으로 나뉜다. 부수적으로는 호신護身부적, 소원성취所願成就부적, 영부靈符등도 있으나, 길상부적과 벽사부적이 주요한 부분을 차지한다. 길상과 벽사는 상호 연관된 부분이 많아 더러 명확하게 분리되지 않기도 한다. 벽사부적은 다른 부적에 비해 그 수가 훨씬 많다. 그 수가 많다는 것은 인간이 벽사부적에 의지하는 비중이 크다는 것을 의미한다. 그러므로 벽사부적은 보다 원초적인 부분을 드러낸다. 이 책에서는 인간의 삶 속에서 벽사의 대상이 되는 것은 무엇이며, 그것이 어떠한 시기적인 변화를 겪었는가를 벽사부적을 대상으로 살펴볼 것이다.

액을 막고 복을 불러들이는 제액초복除厄招福은 인간에게 가장 원초적이며, 간절한 염원이다. 이중 제액은 복을 불러들이기에 앞서 이루어져야 하는 전제조건이다. 특별한 행운이 없어도 편안한 나날이 이어진다면 복을 바라는 것이 성취되었다고도 볼 수 있다. 하지만 큰 복을 받고 난 다음 곧바로 나쁜 일이 닥친다면 받았던 복마저도 무용지물이 되고 만다. 그러므로 액은 반드시 피해야 하는 것으로써 길상에 앞선 인간의 바람인 것이다.

벽사부적은 생활상의 필요에 의해 상고시대부터 나타나기 시작해 삼국시대에 이르러 비로소 구체화되었다. 고려시대는 부적의 정형화 시기 혹은 융성기로 볼 수 있다. 호국 불교 사상을 바탕으로 한 팔만대장경에 수록된 부적과 불설팔만대장경목록에 수록된 부적들을 통해 외침을 극복하는 것과 동시에 개인 발원의 표현이라는 부적의 두 가지 의미를 발견할 수 있다. 조선시대에는 숭유억불崇儒抑佛 정책에도 불구하고 부적이 매우 다양하게 이용되었다. 왕실에서부터 사대부를 비롯하여 서민에 이르기까지 부적을 사용하였다. 특히 일상생활과 관련한 부적이 나타나기 시작하였고, 각 종교에서도 다양하게 부적을 이용했다.

이처럼 고대부터 현대에 이르기까지 역사적, 시대적 상황의 변화에도 불구하고 부적의 사용이 지속되고 다양화되는 이유는 의미를 부여한 가상적 조작물을 지니고 있으면 그 염원이 현실이 되어 다시 돌아온다는 부적의 근본적 의의에서 찾을 수 있을 것이다. 또 주술을 모태로 하는 예술의 궁극적 역할이 치유이듯이, 사람들이 부적에 거는 기대는 바로 치유 즉, 카타르시스catharsis적 효과이기 때문이다.

벽사부적의 기원과 역사

부적은 인류가 시작되면서 발생하였다. 인간은 일상생활에서 재앙을 쫓고, 다산과 풍요를 기원하고자 짐승의 뼈, 돌, 조개 등의 자연물을 주술이 담긴 도구로 사용하였다. 여기서 사용된 자연물은 그 자체가 주물呪物로써 인간의 소망과 바람의 상징인 셈이다. 그러나 점차 인간의 지혜가 발달하면서 조형성이 가미된 부적이 나타나기 시작했다. 원시시대의 암벽에 새겨진 해(하늘), 달(땅), 별, 샘(물), 숲, 사람, 짐승, 새 등의 그림과 골각 기둥에 새겨진 기하학적 무늬는 문자가 없었던 당시 인간들이 자신들의 소망을 표현한 상징적인 표상이자 부적이라 할 수 있다. 이처럼 초기에는 자연물을 그대로 이용하거나 약간의 조형성을 가미한 것에서부터 출발하였다. 그리고 점차 도구를 이용한 부적으로 발전했다.

타제석기打製石器나 마제석기磨製石器를 만들어 사용하던 석기시대에는 무기나 생활도구들이 그 자체로 자신을 보호하는 부적의 기능을 지녔다. 돌도끼, 돌화살촉, 돌칼, 뼈바늘, 작살 등은 생업도구이자 종교적 도구였다. 점차 신앙이 발달함에 따라 일정한 목적, 즉 벽사와 길상이라는 목적을 위해 나무나 돌, 뼈 등을 이용해 지니고 다니기 좋은 크기로 만들거나 도끼, 자물통, 방울, 버선, 괴불 등의 모양을 입체적으로 조각하여 부적으로 지니기도 하였다.

이후 시대가 변화함에 따라 복잡다기한 삶의 요구에 부응하여 판화를 이용한 부인符印이라든가 글씨와 그림이 있는 종이부적들도 등장했다. 더 나아가 일상도구, 장신

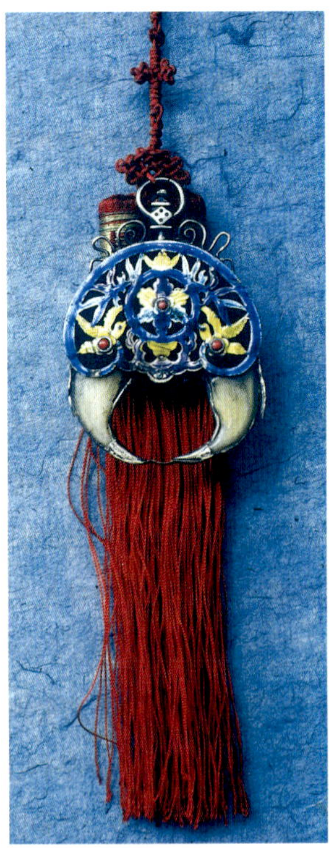

호랑이발톱 노리개 安伯淳 소장

구에 이르기까지 다양한 모습의 부적도 발견되었다. 그 대표적인 예가 벽사의 의미를 지닌 호랑이 발톱을 이용한 여자 장신구의 하나인 노리개와 호랑이 혼백의 상징인 호박을 이용한 남자 마고자 단추 등이다.

이처럼 부적은 인류와 그 시작을 같이하며 각 시대별 사회 형태의 변화와 밀접한 연관을 가지며 변화해왔다.

상고시대의 부적

　선사시대 인간들의 행위는 대개 생존을 위한 것으로, 그들이 남겨 놓은 예술작품에는 아름다움에 대한 욕구가 아니라 생존에 대한 욕구, 그리고 그 욕구를 실현하는 과정이 드러나 있다.[6] 특히 그들이 남긴 미술작품에서는 마음속 이미지를 표현하여 현실을 바꾸기 위한 장치를 찾을 수 있다. 이러한 주술적 상징은 그들의 바람이 표현된 상징으로, 일종의 부적으로 볼 수 있다.[7]

바위 그림과 벽사 행위

　부적의 기원은 의미가 부여된 자연물, 즉 인류가 바위나 동굴에 주술적인 그림을 그렸던 태고시대로 거슬러 올라간다. 바위나 동굴에 그렸던 그림을 모방주술의 한 형태로 볼 수 있다. 모방주술은 실제로 존재하는 사상事象을 모방하여 그대로 행위를 따라 하면 효과가 있다고 믿는 데서 시작한다. 이를테면 유사의 원리에 근거한 것으로 유사한 것은 상호 영향을 끼친다는 관념이다. 예를 들면, 기우제를 지낼 때 천둥과 벼락이 치는 모습을 흉내내는데 이또한 모방주술로 볼 수 있다.

　구석기시대(기원전 15,000~10,000년경)의 것으로 추정되는 라스코Lascaux동굴의 들소사냥 벽화와 젖가슴과 배가 유난히 강조된 빌렌도르프의 비너스상은 각각 포획과 다산多産의 주술적 상징으로 추정된다. 벽에 그려진 들소를 창으로 찌르고, 그 이미지를 마음 깊이 심은 그들은 실제로 다음날 들소사냥에서 들소를 잡는다. 초상에 대한 정복이 실제 살아 있는 들소의 정복으로 실현되는 순간이다. 즉, 소망을 이미지화하면 그 소망이 이루어진다는 것이다.

　이러한 소망을 담은 들소는 붉은색으로 그려져 있는데, 붉은색은 벽사의 기운을 지닌 색으로 알려져 있다.[8] 붉은색을 대표하는 피〔血〕는 생명의 모체로 두려움의 대상인 동시에 생명을 보장하는 길한 것으로 간주된다. 이러한 피가 지닌 양이성兩異性은 피에 대한 나름대로의 신앙을 구축하였다. 부적에 붉은색을 사용하는

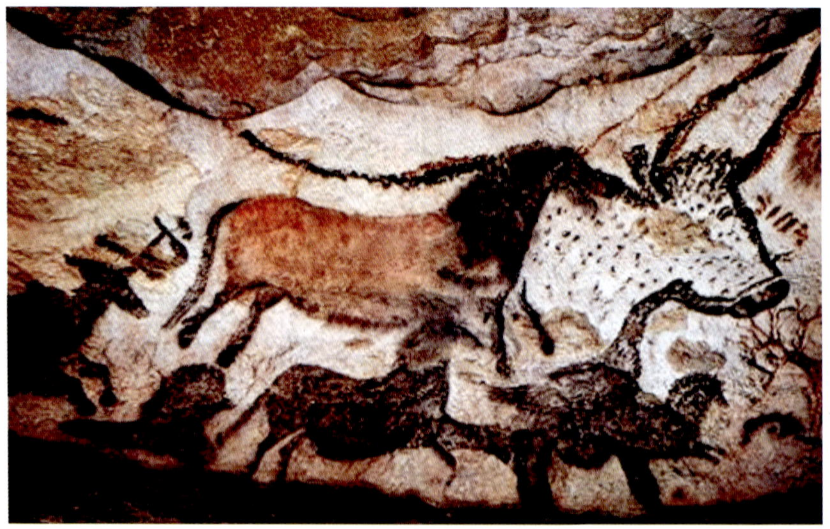

라스코동굴의 들소 사냥 벽화

것은 바로 피가 상징하는 것을 취하려는 의도를 가지고 있기 때문이다. 피와 가장 유사한 것으로 그 기능을 대신할 수 있는 물건으로는 황토와 주사朱砂가 있다.

암각화로 표현된 들소는 부적의 효시라고도 할 수 있다. 특히 들소 옆에는 새의 머리를 한 인물이 묘사되어 있는데, 이를 주술사로 보는 경향이 강하다. 따라서 들소는 주술사와 관련한 주술적인 존재임을 알 수 있다. 이처럼 주술적인 종교의례와 관련한 행위에서 부적과의 유사성을 찾아볼 수 있다.

울주 반구대의 암각화나 견갑형 동기에는 각기 작살에 찔린 고래와 창에 찔린 사슴이 묘사되어 있다. 이는 어로나 사냥의 성공을 기원하고 동물을 성공적으로 포획함으로써 안정적 생활을 누리고자 하는 심리가 반영되어 있다. 승리자로서의 소망이 절실하게 담겨 있는 것이다. 이러한 측면에서 작살이나 창에 찔린 동물 그림은 인간에게 있어 재액을 물리치고 소기의 목적을 이룰 수 있다는 소망의 부적으로 인식될 수도 있다. 제액초복이라는 인간의 근원적인 소망을 담고 있는 모든 행위에는 결국 벽사부적의 의미가 양이적으로 포함되어 있다고 할 수 있기 때문이다.

이러한 차원에서 본다면 바위에 묘사된 다양한 형상은 결국 인간의 삶에서 위해危害한 것을 몰아내고 긍정적인 효과만을 이루고자 하는 선사인들의 종교적인 심성이 투영된 것으로, 그 자체가 부적이라 할 수 있다.

고조선의 부적

고조선과 관련한 부적을 찾는다는 것은 실제로 매우 어려운 일이다. 고조선에 대한 고고학적, 역사학적 논의가 많이 진전되고 있지만 그것의 실체를 드러내줄 수 있는 것은 일부에 지나지 않기 때문이다. 현전하는 몇 가지 자료를 통해서만 고조선 부적에 대해 알 수 있다.

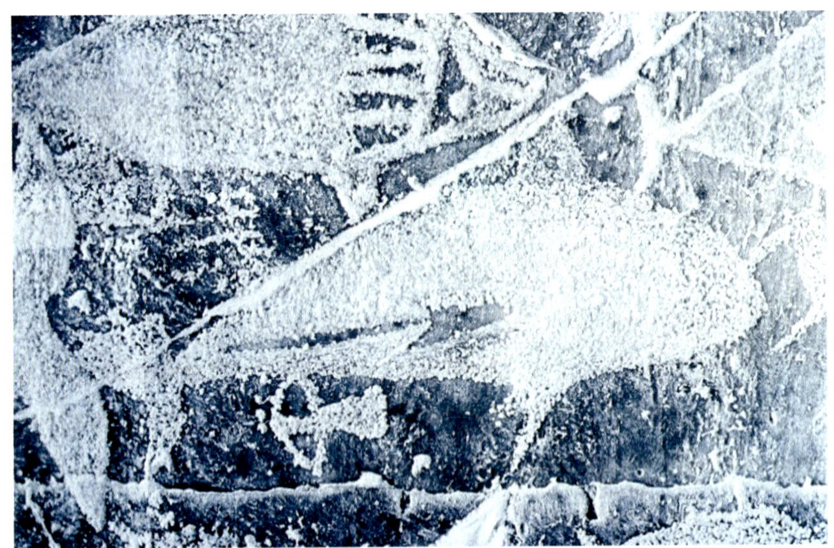

울주 반구대 암각화의 작살에 찔린 고래

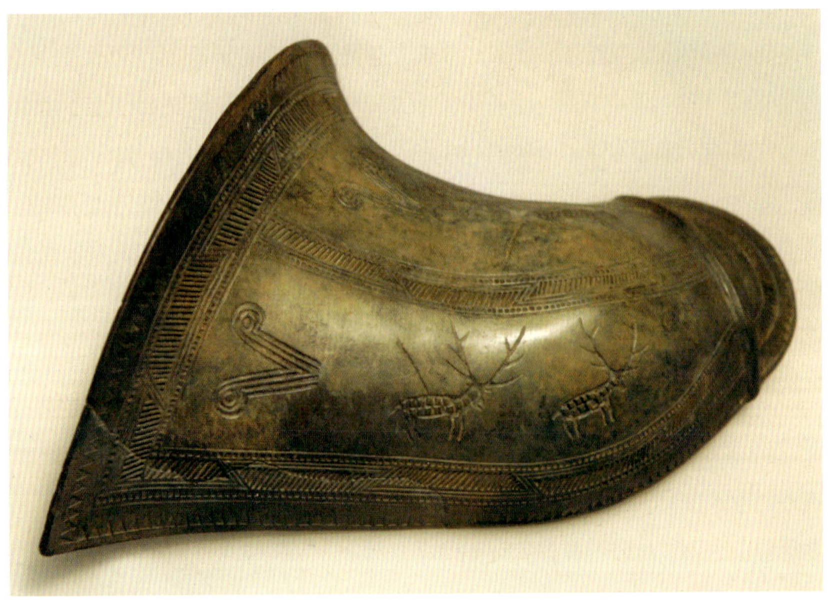

견갑형동기에 새겨진 창 맞은 사슴(복제품) 청동기시대 · 전 경북 경주 지역 · 국립중앙박물관 소장 [중박 200806−141]

천부인天符印

『삼국유사』 기이紀異편 첫머리에 수록된 고조선의 단군檀君에 대한 내용에는 천부인이라는 신성한 도구가 언급되어 있다. "환인桓因이 그의 아들 환웅桓雄에게 천부인 세 개를 주어 인간 세상에 내려가 다스리게 했다"[9)는 대목은 최초의 부적과 관련한 기록이다. 이 천부인은 제의를 집전하는 영험한 신기神器·巫具로 보는 것이 일반적이다.

천부인에 대한 종래의 학설은 네 가지이다. 이능화는 칼, 거울, 방울이라 보았고, 김재원은 부적도장, 『신황정통기』에서는 옥새, 곡옥, 거울로 보는 견해가 있고, 서영대는 청동제 칼·방울·거울로 인식하고 있다.[10)

이처럼 다양하게 천부인을 해석하는 것은 초기 고대국가의 형성과 관련하여 절대 권력자의 상징으로 천부인을 이해하기 때문이다. 이 학설은 모두 추정일 뿐 명백한 사료의 제시는 없다. 다만 이능화와 서영대의 경우는 청동기시대의 유물과 관련하여 추정하고 있으므로 다른 견해보다는 설득력이 있다. 청동기시대의 대표적인 묘제인 석관묘石棺墓 중 군장의 무덤으로 간주되는 무덤에는 청동검을 비롯하여 청동거울과 청동방울이 함께 출토되었다.

천부인은 경鏡(공명), 검劍(정의), 령鈴(사랑)으로도 해석되는데, 이는 국가를 세우는 데 기본이 되는 사상을 상징한다. 다시 말하면 이 '거울', '칼', '방울'은 하늘에서 내린 치국治國의 사상적 의미로서의 상징인 것이다. 즉, 절대 권력자인 왕이 지닐 수 있는 물건인 천부인은 제정일치祭政一致 사회의 특성상 종교적인 도구이자 정치적인 상징물인 것이다. 그러한 상징성은 오늘날의 부적과 그 형태는 다를지언정 기능에 있어서는 유사한 면이 있다고 하겠다. 이것들은 현재의 무속신앙에서도 사용되는데, 과거의 상징과 종교적 권위가 일정부분 지속되고 있다고 볼 수 있다.

한편 천부인으로 찍은 직부直符는 관인으로 간주되기도 한다. 그 근거로는 직부사자直符使者가 당나라에서는 인부印符를 지키는 관직이고, 불교에서는 생전의 행적에 대한 증명을 해주는 관직[11)이라는 점을 들 수 있다. 사찰의 명부전에는 인물의 증명서를 든 탱화가 그려져 있으며, 또한 18세기의 기록인 『오주연문장전산고五洲衍文長箋散稿』

의 '관인벽사변증설'은 관인官印이 관리와 귀신을 호령 복종케 한다는 부적으로써의 효용을 밝히고 있다.[12]

이는 종교적인 권위의 상징물인 부符라는 것 자체가 부적이라는 주물이 아니라 임금의 상징물인 신표信標로도 해석될 수 있음을 보여 준다. 하늘로부터 부여된 하나의 상징적인 도구로써의 신표이므로, 이것은 결국 절대 권력과 종교적인 위상을 동시에 지니는 물건이라 할 수 있다. 그것은 종교의 다양한 욕구를 담고 있었을 것인데, 벽사의 기능이 그중 하나였을 것이다.

도부桃符

도부는 말 그대로 복숭아 부적이라는 의미이다. 중국의 『풍속통의風俗通義』[13]에서는 도부의 유래를 소개하고 있는데, 그 내용은 다음과 같다.

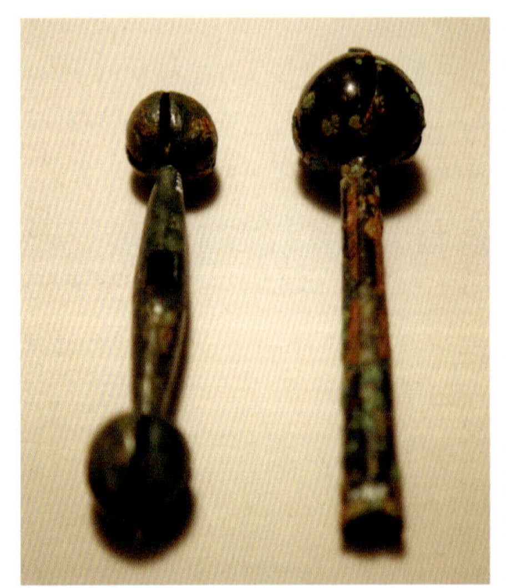

전남 함평 초포리에서 출토된 청동방울
청동기시대, 국립광주박물관 소장 [중박 200806－141]

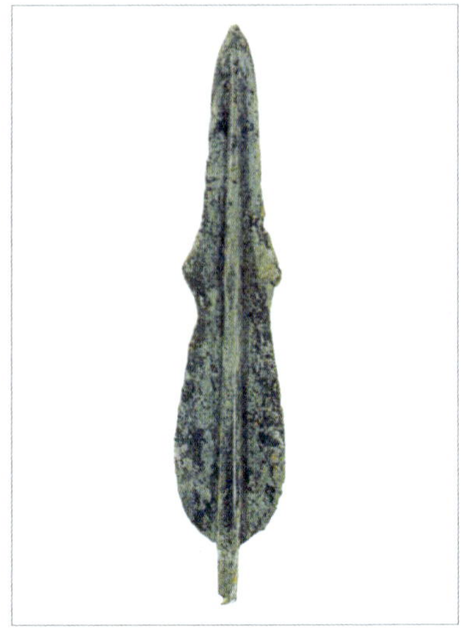

요령식 동검
청동기시대, 국립중앙박물관 소장 [중박 200806－141]

황해(중국의 동해)를 건너 북쪽산(삭산)에 길이가 천리나 되는 굴이 있고, 그 굴 앞 입구에는 큰 복숭아나무가 있는데, 굴 속의 귀신들을 지키는 신도와 울루의 두 신이 서 있다. 그러므로 황제가 복숭아 나무판에 두 대장신의 모습을 그려 대문에 걸어서 흉악한 잡귀들을 쫓았다고 한다.

위에서 알 수 있듯이, 중국 동쪽 바다 건너에는 신령이 사는 곳이 있다고 한다. 그곳의 북쪽에 있는 산의 굴 앞에 큰 복숭아나무가 있는데, 이 복숭아나무는 굴 속의 귀신을 지키는 두 신령인 신도와 울루와 연관된다. 신도와 울루는 중국의 대표적인 축귀逐鬼의 신령이다. 이러한 축귀 신령의 도구로 복숭아나무가 사용되고 있다. 복숭아는 일반적으로 귀신을 쫓는 주구呪具로 인식된다. 때문에 제사상에는 올리지 않으며, 잡귀를 쫓는 여러 가지 의례에서 축귀를 위한 도구로 사용한다. 동토를 잡을 때에 동쪽으로 가지가 뻗친 복숭아나무 가지, 즉 동도지東桃枝를 잘라서 동토귀를 축출한다. 동쪽은 양기陽氣가 발산되는 길방吉方으로 여겨지므로 동쪽을 향해서 자란 나무는 축귀에 특별한 주력을 발휘할 수 있게 된다. 위의 인용문에는 이러한 내용이 드러나있지 않지만, 복숭아가 지닌 주력을 이용하려는 의지가 반영된 것으로 해석할 수 있다.

이처럼 강한 주력을 지닌 복숭아나무판에 신도와 울루라는 축귀의 신령을 그려 잡귀를 막았다는 것은 중의적衆意的 의미를 포함한 것으로 볼 수 있다. 신도와 울루, 복숭아나무판이라는 두 가지의 축귀 도구를 중첩해서 사용함으로써 그 효과를 배가시키려고 한 것이다.

위의 기록을 통해서 볼 때 중국의 바다 건너 동쪽의 나라는 한국이라 할 수 있다. 그러나 이 내용은 한국을 대상으로 쓴 것이라기보다는 바다라는 미지의 세계와 연결될 수 있는 매개체의 건너, 즉 신비의 세계를 상정한 것으로 보아야 한다. 또한 동쪽은 태양이 뜨는 곳으로 다른 어떠한 방위보다 신성神性을 지닌 곳으로 여겨진다. 바다 건너 신선의 세계이자 태양이 뜨는 곳에서 자란 복숭아나무는 뛰어난 축귀의 주력을 지닐 수 있었을 것이다. 따라서 위의 『풍속통의』의 내용은 비록 고조선 시대 때 기록이라 하더라도 고조선이 직접적 시원이라고 설명할 수는 없겠다. 다만 중국에서는 이른 시기부터 동쪽과 복숭아에 대한 신성성이 인정되고 있었음을 엿볼 수 있다.

중국에서는 섣달 그믐날 저녁이 되면, 복숭아나무에 갈대 끈을 든 두 신의 모습을 조각하여 대문의 양쪽에 두었다. 그리고 문설주에는 커다란 호랑이 한 마리를 그려 붙여 사악한 것이 들어오는 것을 막았다. 처음에는 이렇게 조각하던 것이 후대에는 그림을 그려 붙이는 것으로 변했다. 때로는 그들의 이름만을 대문에 쓰기도 했다. 이들이 바로 민간에서 전해지는 문신門神이다.[14]

삼국시대의 부적

삼국시대로 들어서면 기록에 의해 역사가 열린다. 그러나 기록된 역사 속에서 부적의 내용을 찾는다는 것은 현실적으로 어렵다. 기록은 지배자의 전유물이며, 정치적, 경제적, 사회적인 내용을 담고 있기 때문에 부적과 같이 신이한 내용을 다루지 않는 경우가 많다. 따라서 고대의 신앙행위도 간략하게 다루어질 수밖에 없는데, 그중 하나인 부적을 찾아내는 것은 더욱 어려운 일이다. 그러나 기록과 더불어 부적을 만들고 사용했던 사람들이 남긴 유물을 통해 벽사와 관련한 믿음의 행위를 유추해 볼 수 있다.

삼국시대는 부적이 구체화된 시기이다. 이 시기에 종교와 관련한 것으로는 불교의 다라니경이 있다. 그 밖에도 처용 형상의 부적과 도깨비 형상의 부적, 주문부적, 밀교부적 등도 찾아볼 수 있다.

처용 부적

삼국시대의 주술적인 존재로는 49대 헌강왕대(875~886) 동해 용왕의 아들인 처용이 그 대표적인 인물이다. 그는 인간인 동시에 종교적인 색채를 풍기고 있어 그 자체로서 종교적이라 할 수 있다. 다양한 종교적인 모습을 보여주지만 그중에서도 벽사의 모습이 두드러진다. 따라서 처용을 통해 벽사부적의 또 다른 유형을 살펴볼 수 있다.

처용의 존재에 대해서는 자신의 부인을 범한 역신에 대해 화를 내지 않은 인욕忍辱 설화를 석가모니의 제자이며 적자인 라후덕의 인욕과 비교하여 신격화한 사례[15]를 찾아볼 수 있다.

신라 태평성대

라후덕이신 처용아비야

이로써 인생에 말하지 않으시니

이로써 인생에 말하지 않으시니

삼재와 팔난이 일시에 없어지셨다 . 『악학궤범』

벽사가면의 인격화〔현인양사신설〕, 반중앙적 지방 호족의 아들로서의 질자質子아들을 인질로 보냄설, 이재술理財術을 지녔던 이슬람 상인설, 호국호법룡의 불교 상관 인물설, 무격巫覡 또는 무격의 몸주〔主神〕설, 풍월도적 미륵신앙을 갖고 있는 화랑설 등도 있다.16)

『삼국유사』 권2 처용랑 망해사 조에는 역신을 물리치는 처용부와 관련한 내용이 소개되어 있다. 처용이 그의 부인을 범한 역신을 가무歌舞로써 용서하자, 이에 감복한 역신은 처용의 형용만 보아도 나타나지 않겠다고 하였다. 이 일로 사람들이 처용의 형상을 문에 붙여서 사귀邪鬼를 물리치고 경사를 맞아들이게 되었다. 이는 역신을 물리칠 수 있는 민간의 사고를 보여 주는 것으로, 넉넉하고, 자비로운 처용의 모습 자체가 주술적 도구로 이용되는 것이다. 이처럼 처용의 형상은 벽사 주술의 차원으로 이해될 수 있다.

고려 말에는 이색李穡, 1328~1396의 한시 「구나행驅儺行」17)에 표현된 것처럼 처용이 칠보를 두르고 머리에 복숭아 나뭇가지와 모란꽃을 가득히 꽂은 모습으로 벽사 진경을 상징하고 있다.

조선시대에는 처용무가 의식화되어 궁중정재의 하나로 구체화된다. 『악학궤범』 제5권에 학鶴·연화대蓮花臺·처용무합설處容舞合設 조에 섣달 그믐날 나례의식 때 추던 장엄한 의식절차로 기록되어 있다. 이때의 처용무는 학무·연화대·처용무의 세 가지가 합쳐져 화려한 춤으로 변한 것이다. 이처럼 처용의 형상은 시대에 따라 그 모습이 변화했다.

시대적 변화에도 불구하고 처용은 인간의 얼굴을 그대로 드러내지 않고 가면을 착용한다. 가면을 쓴다는 것은 평상시 현실세계 속에서 표현됐던 개인적인 인격을 접고 다른 인격, 즉 초자연적 인격으로 제의에 참여한다는 것을 뜻한다. 즉, 가면은 인격을 변용시키는 도구로 사용되며 자기의 마음을 외부의 다른 대상에 투사시키는 도구로 부적의 일종으로 볼 수 있다.

또 조선시대에는 이 같은 처용의 화상을 세화와 더불어 대문으로 들어오는 액을 막기 위해 문배로도 붙였다. 문배는 중국에서 예에 따라 종규와 울지경덕, 진숙보의 그림을 사용했으나, 우리나라에서는 처용의 화상을 문배로 이용했다. 성현의 『허백당집虛白堂集』 권8과 보집補集 권2에 그 내용이 아래와 같이 실려 있다.

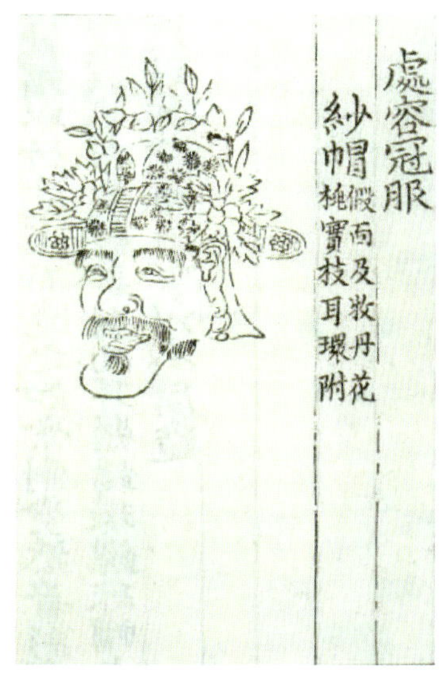

『악학궤범』의 처용 가면

처용處容

신라 때부터 지금에 이르기까지
너도나도 다투어 그 모습을 꾸미고 그리네.
사악한 귀신 물리쳐 질병 고통 없애려고,
해마다 설날이면 문에다 붙이네.

제석이수除夕二首

문에는 울루라는 글자 붙어 있고,
창에 붙인 처용의 머리는
역귀를 쫓아버리네.

성현의 「처용」과 「제석이수」는 신라 이래 조선 전기까지 처용의 그림을 그렸고, 해마다 설날이면 문배로써 처용의 화상을 문에 붙여 액이 집안으로 들어오는 것을 막았으며, 창문에도 처용의 화상을 붙여 역귀를 쫓아버리는 풍속이 있었음을 전해준다. 주목되는 점은 궁궐에서는 문배로 중국의 문신을 이용했지만, 민간에서는 그와 더불어 처용도 문신으로 이용했다는 점이다.

처용은 다른 부적보다 자생적이라는 점에서 우리나라 부적의 역사성을 밝히는 데 중요한 위치를 차지한다. 엄밀히 말하면 벽병부病符의 기원이 되고 있다. 여름이 시작되는 단오端午를 맞아 예기치 않은 병원균의 침입을 예방하고자 사용했던 처용 부적이 점차 연중의례로 자리잡게 된 것이다. 또한 처용가는 무가巫歌로 즐겨 사용되었을 것으로 추정된다.

이러한 내용으로 볼 때 결국 처용과 관련한 내용에 기인한 처용무, 처용가, 처용의 화상 등은 한국 무속제의의 3대 요소인 무, 가, 공신인 것이다. 그중 처용의 화상은 훗날 널리 사용된 종이에 그린 천중적부天中赤符, 단오부端午符의 기원이 된다. 따라서 역병疫病이라는 전염병을 나름대로 극복하기 위해 고안해 낸 처용은 질병부疾病符의 기원이라고 하겠다.

도깨비 부적

벽사를 기원하는 의미로 건축물 또는 공예품의 부수 부분에 괴수 얼굴이나 몸의 형상을 표현한 귀면문이 있다. 이것은 흔히 주술적인 제기의 장식 의장이나 건축 또는 고분 등에서 상징적인 그림으로 많이 나타난다. 귀면이라는 말 그대로 얼굴 부분을 주로 하였으나, 때로는 전지全肢 혹은 사지四肢까지도 표현하기도 한다.[18] 이러한 귀면문은 삼국시대에 매우 보편적으로 나타난다. 이것은 결국 귀면이라는 상징성을 이용한 벽사부로 볼 수 있다.

귀면문의 기원은 중국의 은나라 이후 청동기의 문양으로 시문된 도철문饕餮紋 두 개의 눈을 주체로 한 중국 고대의 기이한 무늬에 있다. 그러나 귀면문이라는 개념에 포함될 수 있는 형식이 성립된 시기는 한漢대이다. 도철문은 크게 뜬 눈과 그 위의 거대한 뿔, 그리고 분명하지는 않으나 치아가 보이는 입이 문양의 주된 부분이다. 이 밖에 전지 혹은 사지에 꼬리까지 표현하는 수가 있기는 하나 매우 드물고, 이러한 문양은 좌우 대칭인 점이 또한 특징이다. 중국의 도철문은 우리나라의 귀면문과 매우 밀접한 관련이 있다. 눈, 코, 입, 뿔 등을 강조한 점과 좌우대칭으로 표현한 점 등 기본구도가 일치한다.

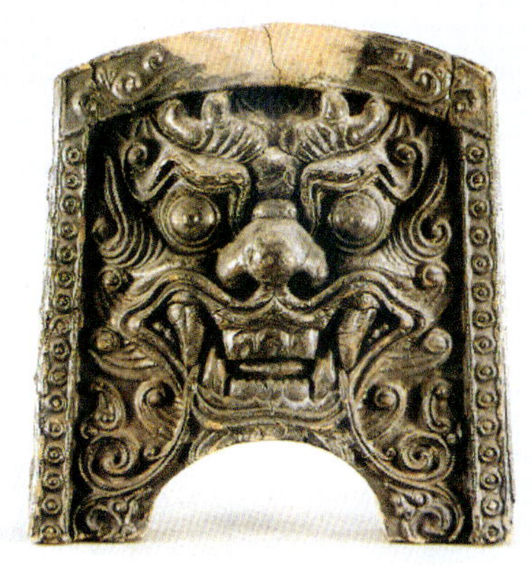

안압지 출토 녹유귀면문 통일신라, 국립경주박물관 소장

고구려 귀면와당

고구려 귀면문와당鬼面紋瓦當은 불교사찰에서 벽사용으로 지붕에 사용되었던 것이다. 부릅뜨고 두드러진 두 눈, 벌린 입, 드러난 송곳니 등은 치우의 형상으로 귀면이다. 귀면은 말 그대로 귀신과 같이 무서운 형상의 얼굴로, 무서운 것으로써 무서운 것을 제어한다는 유사주술類似呪術 차원에서 사용되는 것이다. 따라서 벽사용으로 사용되는 귀면 혹은 무인상은 강력한 힘을 지닌 자가 잡귀나 사악한 기운을 물리친다는 관념에 근거하고 있다고 하겠다.

고구려시대의 것으로 귀면석주鬼面石柱도 있는데, 건물 기둥의 장식에 귀면을 새긴 것은 귀면문와당과 같이 나쁜 기운이 집이나 묘 안으로 들어오는 것을 막고자 한 것으로 해석된다.

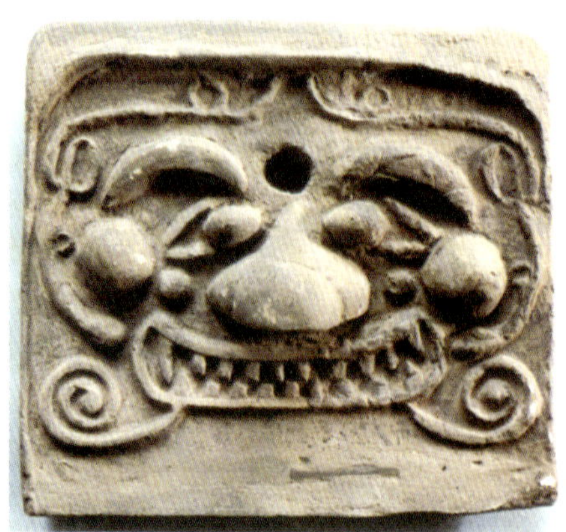

안학궁 출토 귀면문 고구려

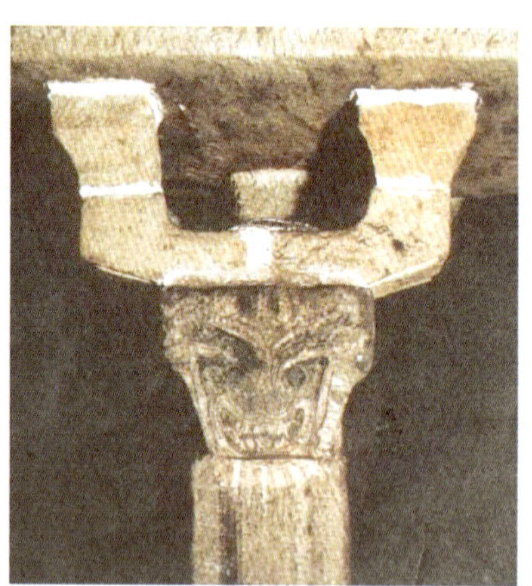

안악3호분 귀면석주 고구려

신라 귀면와당

고대 신라에서는 볼 수 없으나 통일신라 이후에는 귀면문와당이 즐겨 사용된다. 고구려와는 달리 녹유綠油로 만들어진 것이 많이 발견되었다. 속리산에 위치한 에밀레박물관장 조자룡 씨가 수집한 만여 개의 신라시대 와당 중 300개 정도는 뿔이 난 도깨비 형상을 한 것이다.[19] 이러한 점에서 신라시대의 도깨비 형상의 기와 역시 벽사적 목적으로 만들어진 벽사부라고 하겠다. 그 대표적인 유물로는 안압지에서 출토된 녹유귀면문이 있다.

이처럼 무서운 형상의 귀면은 결국 멀리서 들어오는 외적 혹은 귀신의 침입을 막아내는 중요한 벽사 도구의 의미를 넘어 강력한 호국부의 의미가 내재되어 있다. 특히 궁궐의 용마루에 있는 치미尾[20]는 화마火魔를 막는 벽사부인 동시에 호국용으로써 국태민안國泰民安을 지켜주는 호국부護國符라고 할 수 있다.

백제 귀면와당

백제에서는 막새기와에 귀면문을 넣는 예가 거의 없으나, 부여군 규암면 외리에서 출토된 문양전 여덟 종류 가운데 두 종류가 귀면문으로 이루어져 있다. 이 귀면무늬 전돌은 모두 전신상으로 얼굴에서는 귀면의 특색이 충분히 발휘되었으며, 특히 입이 크고 입주위에 수염을 굵게 표현하였다. 상체는 장대하고 두 팔을 활짝 벌려서 공격의 자세를 취하고 있으나, 하체는 빈약하다. 몸 전체의 균형이 잡히지는 않았지만, 그로 인하여 오히려 귀문의 괴이성을 효과적으로 나타낸다.

이처럼 삼국에서 귀면문와당이 존재하는 것은 삼국의 문화적 공통성에서 기인한다. 이러한 분위기는 앞에서 언급했듯이 중국의 은나라 때부터 유행된 도철문의 영향이기도 하지만, 귀면에 대한 삼국의 공통된 심성에 기인한다고도 볼 수 있다.

이러한 귀면의 모습은 흔히 치우로 표현되는 신인神人의 모습과 흡사하다.[21] 치우는 중국 고대의 전설적인 제왕인 황제 시대의 인물이다. 황제의 이름은 헌원軒轅으로, 전국시대 말기의 각종 신화와 전설을 통해 구상된 가상의 인물이다. 치우蚩尤의 난을 평정하고 천자天子가 되었으며, 중국 문명의 개조開祖로 일컬어진다.

치우의 무덤은 동평군 수장현 감향성에 있는데 높이는 7장이다. 사람들이 10월이면 제사를 모시는데, 붉은 기운이 비단 필처럼 펼쳐졌다. 세상에서는 이를 치우기라고 한다. 『황람총묘기』

산 위에는 풍이라는 나무가 있는데, 치우가 잡혀서 묶였다가 수갑과 사슬을 풀고 간 나무다. 『산해경 대황남경』

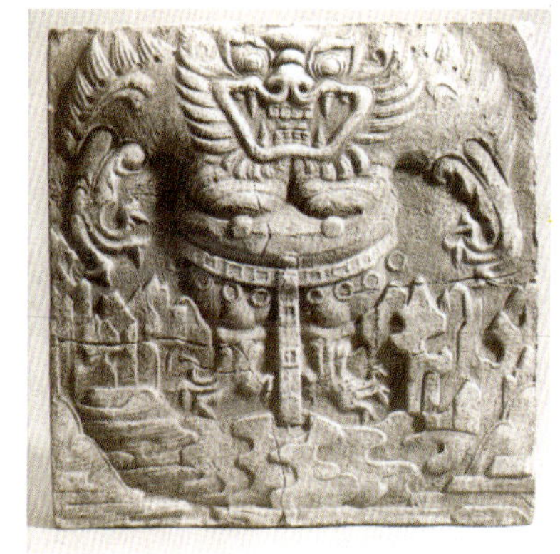

산경山景 귀면무늬 전돌 백제, 국립부여박물관

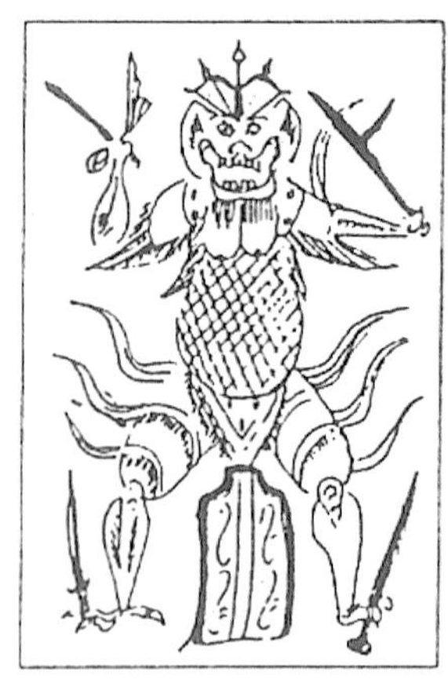

치우상

위의 사료는 비록 치우가 전설적 인물이지만, 그를 위한 제사가 이루어졌으며, 그의 상징으로 붉은 비단 깃발이 사용되었음을 전해 준다. 이는 결국 황제와 더불어 치우에 대한 관심이 남달랐음을 의미한다.

그러나 치우는 중국 문명의 개조인 황제와 싸워 패한 인물이라는 점에서 의아하다. 치우는 동이족東夷族에서 전쟁의 신으로 일컬어지는 전설적 인물이다. 그는 구리로 된 머리와 철로 된 이마를 가지고 있었고 머리 위에는 긴 뿔이 있었으며, 매우 모질고 사나웠다고 한다. 검劍·개鎧·모矛·극戟·대궁大弓·예과芮戈·옹호극雍狐戟·비석박격기飛石迫擊機 등의 무기를 만들었으며, 12 제후의 나라를 합병하였다. 탁록에서 황제헌원黃帝軒轅과 싸울 때 연기를 빨아들이고 안개를 일으켜 크게 이겼으나 결국 황제에게 패하였다.

고대 제齊나라에서는 팔존천신八尊天神에게 제사를 지냈는데 치우는 그중 세 번째로 모셔졌다. 진秦나라 말기에 유방劉邦이 기병할 때 패정沛庭에서 치우와 황제에게 제사를 지냈다고도 한다.[22] 이처럼 치우는 중요한 무신武神으로 여겨졌다. 비록 패한 장수이지만 그 기개와 용맹이 남달랐기 때문에 그에 대한 믿음이 지속되었을 것이다. 특히 황제가 문명의 창시자이므로, 동시대를 살았던 치우는 패한 장수라 하더라도 전쟁을 상징하는 존재로 여겨질 만하다. 이러한 무장으로서의 치우에 대한 관심은 결국 벽사의 신으로써 강조되었을 것이다. 따라서 외부에 직접적으로 노출되어 있으며, 집안으로 들어가는 첫 문이 되는 지붕이나 대문에 치우상을 묘사함으로써 내부인의 안전과 평안을 보장받고자 한 것이다.

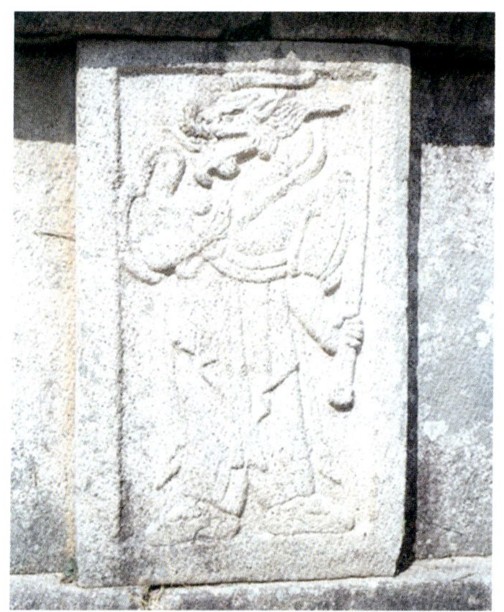

김유신 묘의 한복을 입은 용의 호석 경주

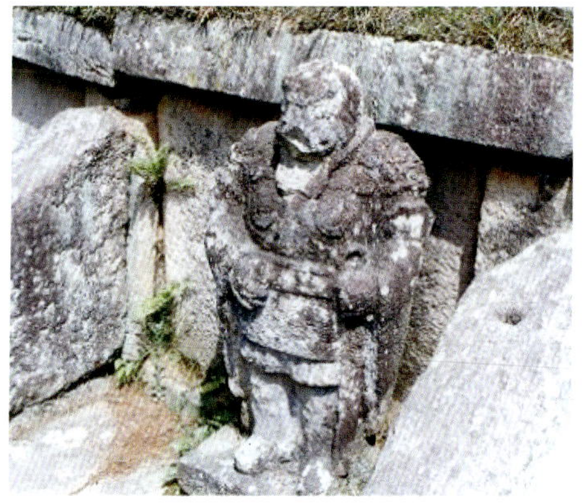

성덕왕릉의 십이지신상 중 갑옷을 입은 원숭이 경주

동물 부적

통일신라시대의 분묘에서는 호석護石을 두른 예를 흔히 볼 수 있다. 특히 김유신 묘는 무덤 주위에 12개의 호석을 둘렀는데, 각각의 호석에는 십이지신상十二支神像을 방위에 맞추어 하나씩 돋을새김으로 새겼다. 무덤 안쪽에도 역시 십이지신상을 동일하게 둘러놓았는데, 이는 무덤의 위나 아래로 침입하는 부정을 예방하기 위한 것으로 벽사부의 일종으로 볼 수 있다. 무덤 안쪽의 십이지는 갑옷을 입은 무장武將의 형상인데 반해 무덤 위쪽의 십이지는 한복을 입고 있는 문관文官의 모습이다. 문관이기는 하지만 손에는 긴 칼을 들고 있어 무장의 분위기를 자아낸다. 이처럼 무덤 바깥에는 보다 온화한 모습의 십이지신상으로 장식한데 반해, 무덤 안쪽의 십이지는 훨씬 무서운 모습으로 장식한 것은 무덤 안쪽은 보이지 않는 잡된 것을 막아내야 하기 때문으로 여겨진다. 즉, 무덤 바깥은 가시적인 공간이므로 덜 위험하게 여겨지지만, 무덤 안쪽의 지하 세계는 비가시적인 공간이므로 더 위험하게 여겨진다. 그러므로 무덤 안의 신상은 무장의 모습으로 더 무섭게 만든 것이다.

성덕왕릉에도 역시 호석이 둘러져 있고 십이지신상도 마련되어 있다. 호석의 판석에 십이지신상을 새긴 김유신 묘와 달리 성덕왕릉의 호석은 환조로 깎아 만들었다. 무덤의 방위에 맞게 환조로 만든 십이지신상을 호석의 면석 앞에 각기 한 개씩 세워 두었다. 이 신상은 모두 갑옷을 입고 있으며, 긴 칼을 옆에 차고 있어 무인의 강인함이 느껴진다.

이처럼 무덤 주변 호석의 면석에 새기거나 환조로 만든 십이지신상을 배치하는 것은 모두 무덤 위와 아래에서 무덤을 보호하는 보호구로써 벽사부의 기능을 지니고 있다. 죽은 자의 세계에 침입할지 모를 잡된 것을 막기 위한 십이지신상은 그 자체가 부적이라 할 수 있다.

동물의 형상을 갖춘 십이지신상 외에 무덤의 수호신으로 간혹 사자상이 등장한다. 괘릉과 성덕왕릉에서 볼 수 있으며, 백제의 무령왕릉에서도 돌로 만든 석수가 발견되었다. 무령왕릉의 것은 어떠한 동물을 형상화한 것인지 알 수 없지만 무덤을 지키는

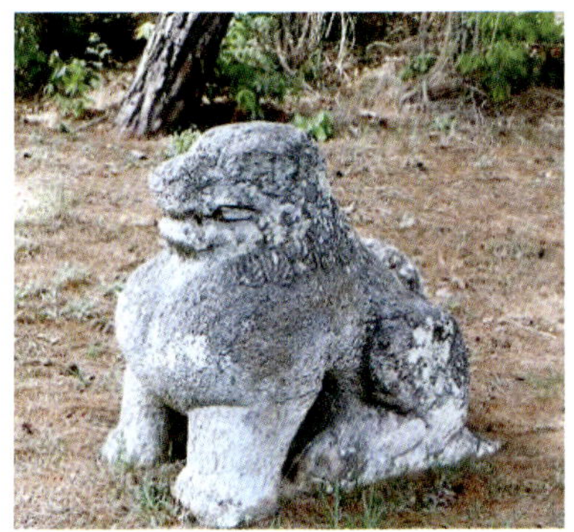

성덕왕릉 후면의 사자상 경주

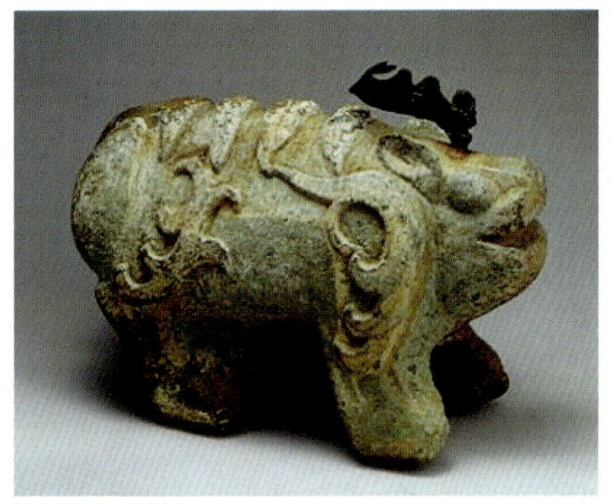

무령왕릉의 석수 국립공주박물관 소장

진묘수鎭墓獸라 불리듯이 벽사를 위해 설치된 것이다. 이처럼 동물의 형상을 한 석수로 무덤을 지키도록 한 것은 동물이 지닌 용맹성에 기인한 것으로 보인다.

특히 불교에서 사자는 불법佛法을 수호하는 동물로 알려져 있으므로 무덤에 설치된 사자상은 동일한 차원에서 이해할 수 있다.23) 다보탑 중앙의 사자나 분황사지 모전석탑의 사자 역시 무덤 앞에 세워 놓은 사자상과 동일한 맥락에서 설치된 것이기 때문이다. 중국에서는 무덤 앞의 석사자상石獅子像을 '벽사' 라고 속칭하고 있다.

한편 사자가 세워져 있는 위치에 따라 사자상의 기능이 조금은 다를 것이다. 일반적으로 불탑에는 중앙이나 사방에 세워 사방으로부터 불탑을 수호한다. 묘소에는 앞면에 설치하여 묘소를 수호하는데, 간혹 후면에 사자상을 세우기도 한다. 성덕왕릉이 바로 그러한 예이다. 능의 앞에는 문인상만을 놓고, 능의 뒤쪽 서편에는 사자상을 설치했다. 이는 능의 앞이나 뒤에서 잡된 것을 막겠다는 의지의 투영으로 볼 수 있다. 이때 사자상이 후면에 설치되었다는 것은 앞면보다는 후면이 취약하다는 관념 때문인 것으로 볼 수 있다. 이처럼 사자상 등의 석수는 벽사를 위해 설치된 조형물로써 잡된 것을 막는 벽사부적의 일종이라 하겠다.

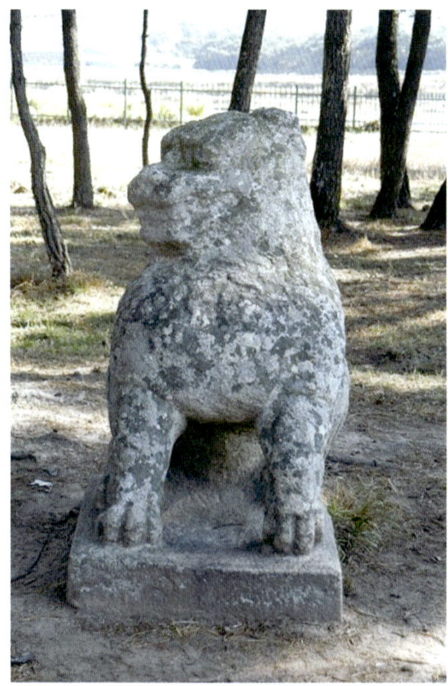

괘릉의 사자상 경주

주문呪文부적

도화녀桃花女와 비형랑鼻荊朗

『삼국유사三國遺事』에는 제26대 진평왕대에 전대왕인 진지왕의 혼백과 도화녀 사이에서 출생한 비형랑에 관한 내용이 다음과 같이 소개되어 있다.

왕이 또 묻되 "귀신들 가운데 인간에 출현하여 정사政事를 도울 자가 있느냐." 가로되 "길달吉達이라는 자가 있으니 정사를 도울 만하나이다." 왕이 데리고 오라 하였다. 이튿날 비형이 데리고 와서 보이었다. 집사執事의 직職을 주니 과연 충직함이 짝이 없다. 이때에 각간 임종角干 林宗이 아들이 없으므로 왕이 명하여 아들을 삼게 하였다. 임종이 길달을 시켜 흥륜사興輪寺 남쪽에 문루門樓를 세우게 하고 밤마다 그 문 위에 가서 자게 하였으므로 길달문이라 하였다. 하루는 길달이 여우로 변하여 도망하니 비형이 귀신을 시켜 잡아 죽였다. 그러므로 그 무리가 비형의 이름만 들어도 두려워하여 달아나니, 그때 사람들이 글을 지어 이르되 "성제聖帝의 혼魂이 나으신 아들, 비형의 집이 여기로구나, 날고 뛰는 잡귀雜鬼들아 행여 이곳에 머물지 말라"고 하였다. 향속鄕俗에 이 글을 붙여서 귀신을 물리쳤다.

위의 기록에서 임금의 혼과 도화녀 사이에서 태어난 비형이라는 존재의 신화적 탄생은 신이함을 드러낸다. 특히 도화녀라는 이름 속에 드러나는 복숭아꽃이 벽사의 의미를 강하게 내포하고 있는 만큼, 도화녀와 임금의 영혼과의 결합에 의해 태어난 비형랑은 두 사람이 지닌 특성을 고루 지니게 된다. 세상의 일인자인 임금의 영혼과 도화녀의 주력이 바로 비형랑이 지닐 수 있는 기본적인 능력인 것이다.

복숭아의 축귀력에 대해서는 다음 고전에서도 찾아볼 수 있다. 홍만선洪萬選, 1643~1715의 『산림경제山林經濟』에는 "도桃는 백귀百鬼를 제압하니, 선목仙木이라 부른다"고 하였다. 성현成俔, 1439~1504의 『용재총화慵齋叢話』에도 "궁중에서 세말歲末에 행하는 악귀 퇴치인 구나희驅儺戲를 행할 때에 동쪽으로 뻗은 복숭아 나뭇가지로 비를 만들어 귀신을 때려 쫓아내는 행위를 한다"고 기록하고 있다. 조선 후기 여성종합백과사전인『규합총서閨閣叢書』의「소국주방문」에도 술을 담근 뒤 동도지東桃枝로 저어 술맛이 나빠지는 것을 막는다고 적고 있다. 이는 귀신뿐 아니라 부정한 것의 접근 또는 음식의 맛이 나빠지는 것도 막아 준다는 믿음에 기인한 것이다. 또한 복숭아는 천상의 신이나 신선들이 먹는 신성한 과일이라는 의미도 지니고 있다. 이처럼 귀한 복숭아의 이름을 지닌 도화녀의 아들인 비형랑은 아버지인 진지왕의 강력한 권위와 도화녀의 신비한 성향을 취하여 나름대로의 새로운 특성을 지닌 자로 탄생한다.

그에 걸맞게 비형랑은 도깨비다리〔鬼橋〕에 머물면서 귀신을 퇴치하고, 도망가는 귀신 길달을 잡아 죽일 수 있는 힘을 지니고 있다. 도깨비다리에 머물면서 귀신을 퇴치했다는 것은 비형랑이 관문을 수호하는 신령임을 의미한다. 이처럼 귀신을 통제하는 능력은 비형랑의 신이한 탄생, 즉 주술적인 힘의 원천 속에서 이미 배태胚胎되어 있었다. 비형의 이름만 들어도 귀신이 도망가니 민간의 풍속에서는 이러한 내용을 담은 글귀로도 귀신을 물리칠 수 있었다고 믿었다. 귀신을 통제할 수 있는 힘과 도화녀의 벽사력, 신성함, 아버지의 막강한 권력 등이 통합된 이 글귀는 문자부적인 귀신불침부鬼神不侵符의 시원이다.

구루신서의 주문부적

고구려의 부적과 관련해서는『구루신서岣嶁神書, 구루는 고구려의 성城을 지칭』[24)의 '귀신 울음소리를 쫓는 방법'이 남아 있다. 그 내용은 아래와 같다.

부지깽이를 다스려, 부지깽이를 다스려, 천상의 다섯 뇌공이 신장을 만들어서

주야로 우는 귀신을 때리고 죽여서 쫓을 것이다. 빨리 율령과 같이 실행하라.

부지깽이의 한쪽을 깎아 위의 주문을 주사朱砂로 써서 상 밑에 넣어 두어야 하는데, 이는 위의 글귀가 뜻하는 바가 부적의 성격을 띠고 있음을 말해 준다. "천상의 다섯 뇌

공이 신장을 만들어서 주야로 우는 귀신을 때리고 죽여서 쫓을 것"이라는 내용은 결국 귀신이 울면 불길하다는 민간의 속신에 의한 것이다. 이때 천상의 다섯 뇌공의 명을 받은 신장이 그 역할을 대행하게 되는데, 천상의 다섯 뇌공은 결국 천상에서 옥황상제의 명을 받아 신장을 부리는 존재인 셈이다. 신장神將은 신령의 장수 혹은 장수 형상을 한 신령이라는 뜻으로 인간 세상에서 신령을 대신하여 직접적인 직무를 수행한다. 이들이 주야로 우는 귀신을 때리고 죽이는 데 사용하는 도구가 바로 화장火杖, 즉 부지깽이인 것이다. 부지깽이는 불과 긴밀한 연관을 맺고 있는 것으로, 결국 불을 통한 정화淨化의 주력을 이용하겠다는 의지가 아닐까 한다. 갓 태어난 아이를 데리고 바깥에 나갈 때는 반드시 부지깽이를 들고 휘저으며 나가야 한다거나, 아이를 데리고 원행遠行, 즉 외가에 갈 때는 아이의 얼굴에 솥 밑의 검댕을 얼굴에 발라 주어야 한다거나 하는 것도 이와 유사한 것으로 이해된다. 솥과 검댕, 부지깽이는 모두 동일한 주술적인 도구로, 불이 지닌 정화력을 통해 축귀하고자 하는 바람의 표현인 것이다.

밀교密敎 주문

신라말엽이 되면 승려들이 당나라에 건너가 당시 유행하고 있던 밀교를 수입하기 시작한다. 신라의 밀교승密敎僧으로는 입당入唐 구법하여 밀교를 전래한 명랑법사를 위시하여 혜통惠通, 의림선사 등을 들 수 있다. 7, 8세기에 이르러 신라밀교는 당당한 하나의 국가적 신앙으로 자리 잡게 되는데,[25] 이 시기에 밀교 승려들에 의해 포교 수단으로 부적이 전해졌으리라 추정된다. 이 시대의 밀교적 부적으로는 석가탑 사리함에서 발견된 무구정광대다라니경이 있다.

신라에 신인종을 개종한 명랑법사는 선덕여왕 원년(632)에 입당하여 밀교를 수학한 후에 정관 9년(635)에 귀국하였다(『삼국유사』 권5, 명랑법사인 조). 이때 백시이밀다라가 동진東晉 원제元帝, 317~322 재위 때에 번역한 『관정경』을 전하였다.[26] 명랑법사가 전한 밀교는 잡밀인 동진시대의 신인비법이며, 법사는 후에 신인종을 개종하였다. 명랑법사는 문무왕대에 당 고종이 신라를 침범하자 문무왕의 양재진국지책의 명을 받들어

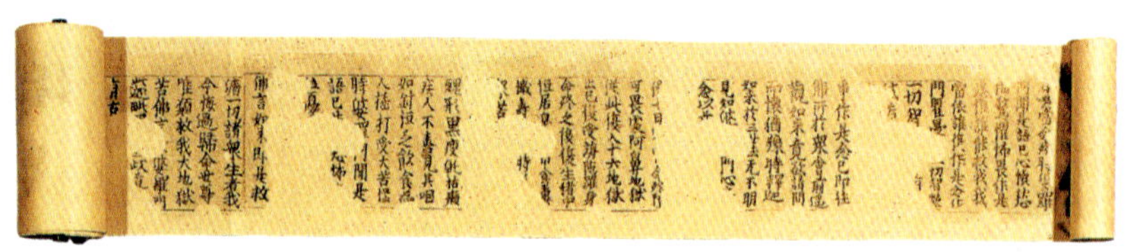

무구정광대다라니경 국보 제 126호, 불교중앙박물관 소장

채백으로 영사하고, 풀로써 오방에 신상을 만들었으며 유가명승 12인과 더불어 문두루비법文豆累秘法[27]을 행하여 당군을 물리쳤다.[28] 문두루는 만트라(진언眞言 혹은 다라니)의 이두문 표기법으로 추정되며 문두루 자체가 부적으로 간주되므로 문두루비법, 즉 부적의 효험으로 당군을 물리쳤다고 볼 수 있다.

실제 신라에 전해진 밀교는 인도의 잡밀雜密 계통으로 교학적인 면보다는 수행정진의 신앙적인 면이 더욱 융성하였다. 밀교는 입으로 진언眞言을 염송하고 손으로 결인結印을 하며 마음으로 대일여래를 생각하는, 신구의身口意의 삼밀가지三密加持를 행하여 중생의 삼밀과 부처님의 삼밀이 서로 감응 일치하여 현생에서 성불하는 것을 목표로 삼은 종교이다. 그러기 위해 신라시대에는 신인비법神印秘法·사리탑舍利塔·오대산신앙五臺山信仰·소재활동消災活動 등을 활발히 발달시켰다. 그 중 사리탑에서는 구체화된 부적의 모습을 찾아볼 수 있다.[29] 석가탑 내부에서 출토된 무구정광대다라니경은 그 자체가 부적과 같은 것이라고 할 수 있다. 비록 무구정광대다라니無垢淨光大陀羅尼는 석가모니가 7일 뒤에 죽어서 16지옥에 떨어지게 되어 있는 바라문을 구제하기 위하여 외우도록 한 것이지만, 탑을 세울 때 이 다라니를 7번 외우고 탑 속에 안치하면 죽은 뒤 극락세계에 태어난다고 하였다. 또 사리탑을 77번 돌고 이 다라니를 77편 외운 뒤 77본本을 써서 작은 토탑土塔 77좌를 만들어 그 속에 이 다라니를 1본씩 봉안하고 공양하면 수명이 연장되고 모든 업장이 소멸되며, 영원히 삼악도三惡道, 지옥·아귀·축생의 세 곳으로 죄를 지은 자가 태어나는 곳를 떠나서 태어나는 곳마다 모든 부처님을 만나게 된다고 하였다.

이러한 사상적 기반을 지닌 밀교승에 의한 부적이나 신이한 종교적인 체험 등은 밀교의 포교를 위한 하나의 수단이었으므로, 종교의 확산과 더불어 부적의 확산도 밀접하게 연계되었을 것으로 추정된다.

한편 산스크리트어로 된 밀교 부적은 신라 문무왕 때 해통이 당나라에서 선무외善無畏삼장을 통해 인결印訣을 얻어 오면서 함께 가져온 듯하다. 지금도 널리 쓰이는 주문의 하나로써 '옴 마니 밧메 홈' 부적은 육자대명왕진언六字大明王眞言이라고도 한다. 이중 '마니'는 보석을 뜻하는 것으로 불교에서는 특히 여의주로 간주된다. '밧메'는 연꽃을 상징하는 것으로, 생명의 탄생 혹은 더러움 속에서도 물들지 않는 깨끗함을 의미한다. 이러한 '옴 마니 밧메 홈'은 다라니로써, 관세음보살의 보호寶號이기도 하고 부적의 기호로 표현되기도 한다. 이 진언은 우주의 법계에 가득 차 있는 모든 존재의 본성품本性稟이기 때문에 불, 보살, 중생의 본성품이기도 하다는 것이다.

육자진언

즉 모든 대각大覺의 심인心印이며 모든 정사와 육도중생六途衆生의 본심이라 할 수 있다. 그리고 일체의 복덕과 지혜와 모든 행실의 근본이라 하여 소중하게 여긴다.

이러한 육자진언은 의례집에 6개의 상징적인 모양으로 표현되어 있다. 육자진언을 구송口誦하는 것과 기호로 표현된 6개의 상징은 결국 동일한 효과를 나타내는 것이 아닐까 한다. 일체의 복덕과 지혜와 모든 행실의 근본이므로, 다양하게 활용되고 있는 것이다.

위에서 살펴본 것들과 달리 종이로 된 부적의 사용 사례도 나타난다. 신라 때 최치원이 중국에 사신으로 갔다가 천왕문天王門을 지날 때 오색부五色符를 사용하여 재화를 면했다는 기록이 『최고운전崔孤雲傳』에 있다. 당시 부적의 사용자가 관인의 신분이었고, 사신 신분으로서 국경을 넘는 상황이고 보면 오색부는 일종의 신분 확인의 신부信符였을 것이다. 그러나 그것으로써 재화를 면했다는 부분에서 그것이 지닌 종교성도 짐작할 수 있다.

백제에서는 저승으로 간 혼백을 이승으로 부르기 위해 지전을 사용하였다는 기록이 『세종실록』에 있다. 지전은 종잇돈으로, 혼을 부르는데 이용되는 주물로 부적의 일종이라 할 수 있다.

이러한 유습은 조선시대에까지 이어져 허난설헌의 한시 「곡자哭子」30)에서도 나타난다.

자식을 잃어 곡하노라31)

지난해에는 귀여운 딸을 잃었고,

올해는 사랑스런 아들을 잃다니.

서럽고 서러워라 광릉 광장에

두 무덤 나란히 만들어졌네

백양나무 쓸쓸하다 바람이 불고

도깨비불 소나무에 비치이누나

지전으로 너희들 넋을 부르고

무덤에다 맹물 한잔 부어 놓는다.

알고 말고 너희들 형제의 넋이

밤마다 서로서로 따로 노님을

아무리 뱃속에 아이 있다만

그 어찌 장성하길 바라겠느냐

부질없이 황대사[32]를 읊조리자니

비통한 피눈물에 목이 메인다.

이것은 죽음과 관련하여 부적이 사용되었음을 보여준다. 현재도 사찰에서는 혼백
이 저승으로 가는 노자로 지전을 상징적으로 사용하는데, 백제의 죽은 자를 위한 지
전은 망자의 혼을 위무하기 위한 주술적인 도구라 하겠다.

고려시대의 부적

고려시대는 부적의 정형화 시기 혹은 융성기라 할 수 있다. 호국 불교 사상을 바탕으로 한 팔만대장경에 수록된 부적과 불설팔만대장경목록판에 수록된 부적들을 통해 외침을 극복하는 것과 동시에 개인의 발원이 부적으로 표현되었다는 점을 알 수 있다.33) 삼국시대부터 지속되어온 밀교 전통에 의한 것인지는 분명치 않지만 팔만대장경의 경문 목록을 수록한 경판에 부적이 수록되어 있다는 것은 분명히 부적의 형성과정에 있어 전환점으로 여겨지기에 충분하다. 팔만대장경 경판에 수록된 부적은 그 후 불교도들의 개인적인 발원에 다양한 형태로 활용되었으리라 여겨진다.

이처럼 불법의 힘을 빌어 종교·주술적인 염원을 해결하고자 한 노력은 외적의 침입에만 국한되지 않는다. 비가 오지 않을 때 드리는 기우제에서도 찾아 볼 수 있다. 물론 기우제는 불교식, 무속식, 도교식, 유교식 등의 다양한 종교적 방식이 동원되었다. 불교식으로는 사찰이나 궁궐 안에 여러 가지 도량道場을 설치하고 불법을 설하였는데, 금강경도량金剛經道場, 인왕경도량仁王經道場, 반야경도량般若經道場, 용왕도량龍王道場, 외제석원친도外帝釋院親禱, 도교식으로는 초제醮祭가 있고, 유교식으로는 원구제, 방택제, 사직제, 태묘제, 우사제, 산천제, 성황제 등이 있으며, 무속식으로는 무당을 동원하여 지내는 방식이 있다.34) 국가의 재난 중 하나인 가뭄을 극복하기 위해 위와 같이 다양한 의례가 베풀어졌다는 것은 이 시기에 다양한 종교적 원리가 공존하고 있었음을 의미한다. 이러한 상황에서 비록 그 흔적은 남아 있지 않지만 부적의 사용도 다양했을 것으로 추정된다.

이 시기 부적의 가장 큰 특징은 삼국시대에서 보았던 처용의 형상이나 도깨비 형상 부적 외에도, 오늘날까지도 널리 이용되는 종이부적이 등장한다는 점이다. 부적이라 하면 의례적으로 떠오르는 것이 종이로 된 것이므로 종이부적의 가시화는 부적의 변화에 커다란 전기라 할 수 있다.

불교와 부적

고려시대의 부적은 불교와 관련된 것이 주를 이루는데, 가장 대표적인 것이 팔만대장경(고려대장경)과 불설팔만대정경경목록판에 수록된 부적이다.

고려는 불교를 국교로 삼고 국가를 외침으로부터 보호하기 위해 불법에 호소하였다. 특히 고려 고종 24~35년(1239~1248)에는 팔만대장경을 제작하여 몽고의 침입을 물리치고자 했다. 이규보가 쓴 『동국이상국집』에 실린 대장각판 군신기고문에 "군신이 더없는 큰 원을 발하여 대장경판본을 서각한 후에 비로소 거란 군사가 물러갔나이다" 라고 기록한 것으로 보아 팔만대장경은 호국부인 동시에 거대한 벽사부라 할 수 있다.

팔만대장경 내에 수록된 밀교경전에는 부적이 다수 포함되어 있다.[35] 부적의 명칭, 부적의 형태, 사용하는 방법, 효험 등이 자세하게 수록되어 있다. 이처럼 팔만대장경 내에 부적이 수록된 것과 더불어 팔만대장경의 목록판에도 부적이 수록되어 있다.

불설팔만대장경목록판은 팔만대장경의 경문을 소개하는 목판이다. 현재 안양암에는 불설팔만대장경목록판이 보관되어 있는데, 이 목록판의 하단에 조선개국오백이십오년병진오월일朝鮮開國五百二十五年丙辰五月日이라 적힌 것으로 보아 1916년에 제작되었음을 알 수 있다. 이 목판은 팔만대장경의 경문을 소개하는 목판인데, 경문 목록 아래와 왼쪽 측면에 24장의 부적을 수록하고 있다.

팔만대장경 목록에 수록된 부적은 금은자래부귀金銀自來富貴, 피열부避熱符, 택내백신불침宅內百神不侵, 구산부救産符, 부부자손화합장수夫婦子孫和合長壽, 선신수호善神守護, 견군수호見君守護, 당득견불當得見佛, 산녀태혈능출産女胎血能出, 당생정토當生淨土, 질병소재증보수疾病消除增補壽, 제죄능멸諸罪能滅, 소망성취所望成就, 멸죄성불과滅罪成佛果, 파지옥생불토破地獄生佛土, 귀신불침鬼神不侵, 파지옥왕생정토破地獄往生淨土, 만겁불수생사萬劫不受生死, 삼광백령전뇌불침三光百靈電雷不侵, 자연원이삼재自然遠椎三災, 능산인주서탄지즉출能産印朱書吞之卽出, 대초관직大招官職, 능피쟁송能避爭訟, 위귀인념爲貴人念 등으로 불교와 관련된 부적뿐 아니라 일상생활의 중요한 문제와 관련 있는 부적들이 많다. 특히 출산, 삼재, 귀신 등은 훗날에도 지속적으로 나타나는 것으로, 인간이 부적에 의지할 수 있는 기본적인 조건

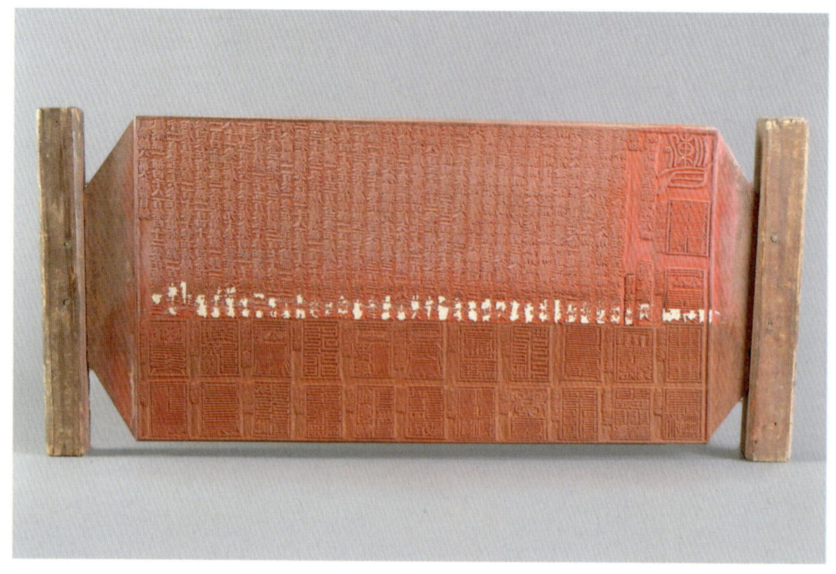

불설팔만대장경목록판 1916년, 한국불교미술박물관 별관 안양암 소장

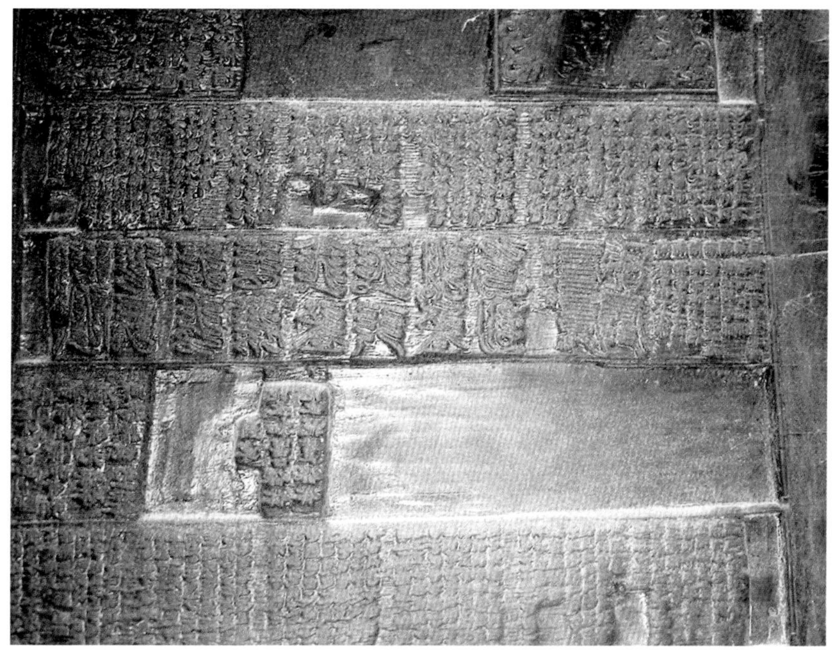

해인사 보유판고에서 발견된 예적금강경과 부적판

인 듯하다.

한편 불교와 관련된 것으로 당생정토부와 멸죄성불부가 있다.36) 당생정토는 아미
타불이 관장하는 서방정토로 불교인이라면 누구라도 그곳에 태어나기를 염원하는 곳
이다. 멸죄성불부 역시 죄를 멸해서 부처가 되고자 하는 바람이 담긴 부적으로, 불교
도의 윤회사상에 의해 망자가 죽어 죄를 멸하고 윤회를 통해 불타가 되기를 바라는 염
원을 담고 있다.

이들 부적은 조선시대의 진언집에 영향을 미쳤다. 현재 남아 있는 문헌상으로는
1777년의 『진언집』에서 가장 오래된 모습을 찾아볼 수 있다. 안양암의 불설팔만대장
경목록이 1916년에 개판改版되었다고는 하나 그 모습은 고려대장경의 모습을 갖추고
있으므로 이러한 불교 부적의 대다수는 고려대장경으로부터 비롯되었다고 하겠다.
팔만대장경의 기본구조가 상단에는 불설팔만대장경목록佛說八萬大藏經目錄을 나열하고,
하단에는 여러 종류의 부적들을 2열로 배열한 것이기 때문이다. 목록에는 상단의 2점
을 포함하여 모두 24가지—상단의 맨 위쪽 25번째 이름없는 부적은 『불경보감』에는
벽사부라 써 있고 부적의 사용방법도 설명되어 있다—의 다양한 부적이 새겨져 있
다.37)

2006년 11월 22일 해인사 보유판고補遺板庫에서 찾아낸 예적금강경판에서도 그 구
조가 똑같은 것을 확인하였다. 즉, 불경이 나열되고 하단에는 부적이 2열로 배열되어
있다.

부적의 내용이 불교의 교리를 설명하는 것과 주술적인 것이 혼재되어 있어 팔만대
장경과의 관련성을 찾기가 쉽지 않다. 다만 여러 진언집에서도 동일한 것들이 소개되
고 있는 것으로 보아 팔만대장경목록에 수록된 부적이 이후에 다양하게 활용되었다
는 점을 알 수 있다. 팔만대장경목록에 수록된 부적 중 하나에 이름이 기재되지 않았
는데, 그것이 이후에 편찬된 진언집에서도 동일하게 이름을 기재하지 않은 채 사용되
고 있는 것으로 유추해볼 때 팔만대장경 목록이 하나의 기준이 되었음을 알 수 있다.
일설로 이 팔만대장경 목록에 부적을 수록한 것을 두고 다음과 같이 말하기도 한다.

팔만대장경 앞장에는 팔만대장경을 안전하게 보존하려는 신심으로서 과거 고승 대덕께서는 수해예방부, 화재예방부, 피열부, 선신수호부 등을 경전 앞머리마다 각인하여 놓으셨다. 부적은 우리들에게 정해진 길흉화복의 업보을 간절한 염원과 기도를 바탕으로 보정해보려는 의지를 담고 있으며 복을 빌고 행복해 보려는 적극적인 기도인 종교 행위이지 막무가내로 복만 추구하는 미신이 아니다.[38]

이처럼 팔만대장경에 수록된 부적은 단순히 미신이 아니라 팔만대장경을 수호하기 위해 판각된 호신부로 이해되기도 한다. 물론 위의 이야기처럼 대장경을 단순하게 보호하기 위해 판각된 것은 아니다. 오히려 불교에서 사용되는 가장 일반적인 종교심의 표현으로, 인간이 세상살이를 하면서 필요한 다양한 욕구를 부적으로 마련하여 수록해 둔 것이다. 때문에 길상과 벽사의 내용이 고르게 포함되어 있다.

계동대나의季冬大儺儀와 부적

고려시대에는 국가적으로 12월이 되면 나례儺禮를 베풀었다. 이때 액을 막는 실제 역할을 맡은 존재가 방상시[方相氏]이다. 방상시는 네 눈이 달린 황금빛 나는 탈을 쓰고 곰 가죽으로 만든 검정 옷에 붉은 치마를 입고 오른손에는 창을, 왼손에는 방패를 드는 존재이다. 보통 악사가 이 일을 맡는다.[39]

대나의를 하는 날 담당 부서에서는 왕에게 주달하여 12세 이상 16세 이하 사람들 중에서 선발하여 진자辰子로 삼아 탈[假面]을 쓰고 붉은 베바지를 입은 자 24명을 1대隊로 하되 이들을 다시 6명씩 한 패로 만들어 도합 2대로 편성한다. 집사자執事者 12명은 붉은 수건에 붉은 창 옷을 입고 채찍을 잡는다. 악사[工人] 22명 중 1명은 방상시라 하여 네 눈이 달린 황금빛 나는 탈을 쓰고 곰 가죽으로 만든 검정 옷에 붉은 치마를 입고 오른손에는 창을, 왼손에는 방패를 든다. 또 다른 한 명은 창수唱師, 먼저 외치는 사람라 하여 탈을 쓰고 가죽 옷을 입고 몽둥이를 든다. 고각군鼓角軍, 북을 두드리고 피리를 부는 사람 20명을 1대로 하여 4명은

기를 잡고 4명은 피리를 불고 12명은 북을 치면서 궁중禁中의 악귀를 쫓기로 되어 있다. 해당 부서에서는 의봉儀鳳, 광화廣化, 주작朱雀, 영추迎秋, 장평長平의 각 문에 술, 과실 등 양물禳物, 귀신에게 대접하는 음식을 미리 차려 놓고 또 각 문의 위측에 구덩이를 적당한 너비와 깊이로 파 둔다. 굿하기 전날 굿할 사람들은 각각 집합소로 가서 의복과 도구를 갖추고 차례로 정렬하여 대기한다. 그 날 새벽에 여러 경위대에서는 지정된 시각에 대원들을 단속하여 문간에 집결하였다가 궁중의 뜰 아래로 들어가 정렬하는 것은 평상시와 같이 한다. 굿하는 사람들이 대 별로 궁문 밖에 집합하면 내시가 왕이 있는 내전 앞으로 가서 진자가 다 모였으니 궁중의 역귀를 쫓아낼 것을 아뢰고 돌아 나와서 굿하는 사람들에게 명령하여 궁중으로 들어가게 한다. 진자들은 북을 치고 왁자지껄하면서 들어가는데 방상시는 창을 들고 방패를 휘두르며 창수가 진자들을 인솔하고 따라 외치기를 "갑작甲作은 흉을 잡아먹고 비위는 역신을 잡아먹고 웅백雄伯은 도깨비魅를 잡아먹고 등간騰簡은 불상不祥을 잡아먹고 남저覽諸는 구咎를 잡아먹고 백기伯奇는 몽夢을 잡아먹고 강량强梁과 조명祖明은 다 같이 책사와 기생寄生을 잡아먹고 위수委隨는 관觀을 잡아먹고 착단錯斷은 거巨를 잡아 먹고 궁기窮奇와 등근騰根은 다같이 고蠱를 잡아먹는다. 이상 열두 귀신으로 하여금 흉악한 악귀들을 내쫓을 것이며 너희들의 몸뚱이를 물어 뜯고 너희들의 허리뼈를 꺾으며 살을 찢고 내장을 뽑게 할 것이다. 너희들이 빨리 물러 가지 않고 뒤떨어지는 놈은 열두 귀신들의 밥이 될 것이다"라고 외치고 앞뒤로 다니면서 북을 치고 떠들다가 궁성 밖으로 나간다. 진자의 여러 대들은 성문으로 가서도 이상과 같이 하다가 성 밖으로 나가서 그만 둔다. 굿하는 사람들이 성문 밖으로 나갈 무렵에 태축太祝은 중문中門 앞에 남쪽을 향하여 귀신의 자리를 마련하였다가 그들이 아주 나간 후에 재랑은 그 위에 돗자리를 펴고 북쪽을 위로 하게 한다. 재랑이 술을 부으면 태축은 잔을 받아 신좌 앞에 드리고 축사는 축판을 가지고 와서 신좌의 오른편에서 꿇어 앉아 축문을 읽는다(태음太陰, 달 신에게 제 지내고 축판은 태축의 이름으로 읽는다). 축문을 읽은 다음 축사는 일어나 축판을 자리에 놓는다. 그리고 굿한 음식과 술은 구덩이에 파묻고 각각 물러간다.

이상의 대나의 의식에 있어 부적의 역할을 하는 것은 방상시, 진자, 살아 있는 닭, 토로 만든 소 등이다. 방상시는 잡귀 구축을 하는 주인공이며, 진자는 귀신을 쫓는 역할을 맡는 또 다른 존재이다. 방상시가 상상의 존재라면, 진자는 현실의 존재이다. 이 둘은 동일하게 귀신을 쫓는 역할을 맡았다. 궁궐에서 섣달그믐을 기해서 베풀어지는 대나의는 연극적인 요소가 추가된 축귀 의례이다. 그러므로 황금색의 네 눈을 가진 황금사목黃金四目 방상시는 귀신을 추방하는 역할의 귀신불침부의 구체적인 형상이라 할 수 있다.

불가살이不可殺伊 부적

고려 말에서 조선 초에 이르는 격변기와 관련된 부적이 구전작품에 전한다. 죽일 수 없다고 하여 '불가살이' 라 불리는 상상의 동물이 그것이다. 이 동물 부적은 오늘날에 이르기까지 불사不死의 상징이다. 불에 의해서만 처치할 수 있다하여 벽사의 동물로 알려져 있다.

옛 속담에 '송도松都 말년의 불가살이' 라는 말이 있다. 『송남잡지松南雜誌』에 "송도 말년에 어떤 것이 쇠를 다 먹어 치워서 죽이려 했으나 죽일 수 없어서 불가살不可殺이라 이름을 붙였다"고 전한다.[40] 이와 달리 불가살이의 등장과 그 의미에 대한 다음과 같은 설화도 전한다.

고려 말(또는 조선 초) 나라에서는 승려들을 잡아들이며 불교를 탄압하였다. 이를 피해 숨어 있던 승려(또는 신돈)가 밥풀을 뭉쳐 불가살이를 만들었다. 이것이 나라 안의 쇠붙이를 모조리 먹어 치웠으나 죽일 수가 없었다. 승려의 도움(불공을 하고, 불교 탄압을 그치라는 권고, 또는 승려가 준 부작을 붙이고 불로 퇴치)으로 사태가 수습되고, 쇠붙이는 원래의 모습으로 돌아간다. 이후로 나라에서는 불교를 탄압하지 않게 되었다.[41]

고려 말 송도松都에 한 과부가 살고 있었다. 일찍이 남편을 잃고 수절하던 과부는 가난하

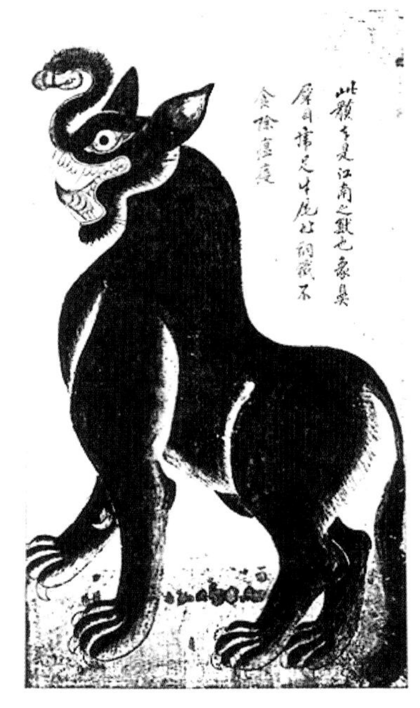

불가살이

여 삯바느질을 하며 살았다. 어느 날 과부의 몸에 딱정벌레 같은 벌레가 기어 다니며 몸을 간지럽게 했다. 과부가 풀잎을 따 주었으나 벌레는 먹지 않았다. 밥을 주어도, 생선을 주어도 먹지 않자 과부는 바느질을 계속했다. 그런데 갑자기 벌레는 과부의 바늘을 냉큼 삼켜버렸다. 과부는 깜짝 놀랐으나 그 후로 딱정벌레는 계속해서 집안의 쇠붙이들을 먹어치웠다. 벌레는 점점 자라 큰 개만큼이나 커졌다. 드디어 공포의 괴물로 둔갑한 벌레는 과부의 집을 떠나 온 나라 안을 다니며 쇠붙이를 먹어치우기 시작했다. 나라에서는 피해가 극심해지자 갖가지 방법을 동원해 잡으려 했으나 소용이 없었다. 불로도 안 되고 무기로도 안 되는 상황이었다. 이리하여 사람들은 이 괴물을 죽일래야 죽일 수도 없다 하여 불가살이라고 부르게 되었다.[42]

고려 말에 신돈은 승려가 되면 자자만손을 둘 상이라는 점괘를 얻고 출가한다. 공민왕의 총애를 받은 그는, 대권을 휘두르고 국사가 된다. 그는 마른 콩을 땅에 묻고 불상을 올려 놓은 후에 물을 부어 불자를 속게 하는 등의 속임수를 쓴다. 또 자식을 바라는 양가 여인에게 음행을 하여 자식도 많이 낳는다. 그때 한 여인이 이 사실을 폭로함으로써 신돈은 잡혀 죽고 불교의 탄압이 시작된다. 나라에서는 상금을 걸고 승려들을 잡아들이니, 그들은 도망쳐 은신한다. 은신한 승려 중에서 한 사람이 밥풀을 뭉쳐 만든 것이 식철食鐵 동물로 출현하여, 승려 사냥을 일삼던 폭정을 그치게 한다. 이 식철 동물은 불가살이인 동시에, 탄압받던 불가를 살려낸 불가佛家 살이로도 인식된다.[43]

위의 설화들에서 불가살이는 고려의 멸망과 연관되는 중요한 상상의 동물이다. 몽골의 6차 침입기부터 고려 멸망까지의 기간은 고려인에게 내적·외적으로 힘든 상황이었다. 자연재해와 무인정권에 의한 전횡으로 인해 민간에서는 농민항쟁이 일어났으며, 이외에도 멸망의 징후로 등장하는 일련의 사건들로 인해 불안한 생활을 할 수밖에 없었다. 이러한 과정에서 몽골군에 대한 응징은 보다 더 간절했을 것이다. 민초들의 이러한 내면의 소망이 불가살이라는 상상의 존재를 만들었으며, 그것은 훗날 몽골병사와 같이 유해한 존재를 제거하는 벽사부적으로 이용되었다.

이러한 불가살이가 없어지게 된 계기는 이야기마다 다르다. 중이 지팡이를 휘두르며 혼내자 먹었던 쇠붙이들을 모두 쏟아 놓고 사라졌다는 이야기가 있는가 하면, 무당의 참언讖言이 있은 후 고려가 멸망하였고, 그와 동시에 극성을 부리던 불가살이도 함께 사라졌다는 이야기도 있다. 무당의 참언 내용은 "화생火生은 목木이요, 목생木生은 토土라, 태초에 건국할 때 토土에서 거목巨木이 나서 거목에 불꽃이 있었거늘, 시절은 불운해서 목생은 화가 아니라 지금은 목木을 이기는 금생토金生土라. 쇠붙이를 먹는 괴

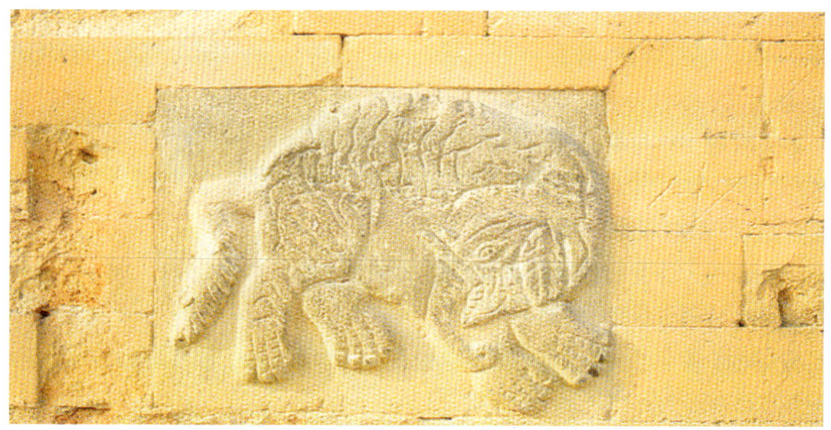

경복궁 아미산 굴뚝의 불가살이

이한 짐승이 나타났으니, 목은 넘어지도다. 나라의 큰 나무는 쇠붙이로 인해 넘어지도다"라고 하여, 몰락해가는 왕조 말기의 민심과 사회 분위기를 짐작하게 한다.[44]

그러나 위의 설화가 고려시대의 산물이라는 확증은 없다. 다만 위의 내용들이 전쟁에 따른 쇠[鐵]의 피해를 극복하려는 민초들의 의식과 고려 말의 외침과 불교 탄압이라는 전환기적인 상황이 만들어낸 것이라고 여겨질 뿐이다. 훗날에 위와 같은 사항들을 조합하여 창작한 것이 불가살이라고 해도, 그것이 고려 말의 분위기를 담고 있는 것은 사실이다.

불가살이는 조선시대에 들어서면서 불로장생을 염원하는 십장생과 더불어 사용된다. 경복궁의 아미산에 설치된 굴뚝에 십장생과 함께 있는 불가살이를 볼 수 있다.

이 밖에도 불가살이는 베개 장식으로도 이용되는데, 베갯모에 불가살이를 장식해 두면 악몽惡夢을 퇴치할 수 있다고 믿었기 때문이다. 이러한 변화는 불가살이에 대한 인식변화에서 오는 현상이라고 볼 수 있다. 하지만 불가살이가 지닌 벽사적인 의미는 여전히 전승되고 있는 것이다.

닭 부적

고려 의종毅宗대에 궁녀가 왕의 총애를 받기 위해 왕의 요 밑에 닭 그림 부적을 넣었다가 발생한 사건이 있었다.[45]

신축일에 궁녀가 왕을 매혹시키려는 술책으로 왕의 침상 밑에 은밀히 닭을 그려 넣었다가 그것이 발각되었는데, 궁녀가 왕에게 거짓말로 고하기를 주부注簿 동정同正 김의보金義輔가 내시 윤지원尹至元과 공모하여 왕을 저주한 것이라고 하였다. 그리하여 의보는 목을 베어 죽이고 지원은 무인도로 귀양을 보냈다.(『고려사』 세가 권18, 의종15년 신축 9월조)

이처럼 궁실에서도 부적을 사용하는 주술적인 비방이 쓰이고 있었다. 닭은 태양의 상징으로 인식되어 왔다. 또한 밝음을 알려주고 어둠 속에서 활동하는 음귀를 쫓아내는 벽사력까지 지닌 것으로 상징성이 확대되었다. 『동의보감』에는 사내아이를 낳으려면 수탉 꽁지 세 개를 뽑아 몰래 부인의 자리 속에 넣어두면 이루어진다고 하였다. 위의 사료에서 왕의 침상 밑에 닭 그림을 넣은 것은 닭이 지닌 주술력을 이용해 음기를 제어하는 비방이라 할 수 있다.

왕을 매혹시키려고 사용한 닭 그림이 반전되어 왕을 저주한 것으로 사용되었다는 것은 당시 부적이 지닌 주술적인

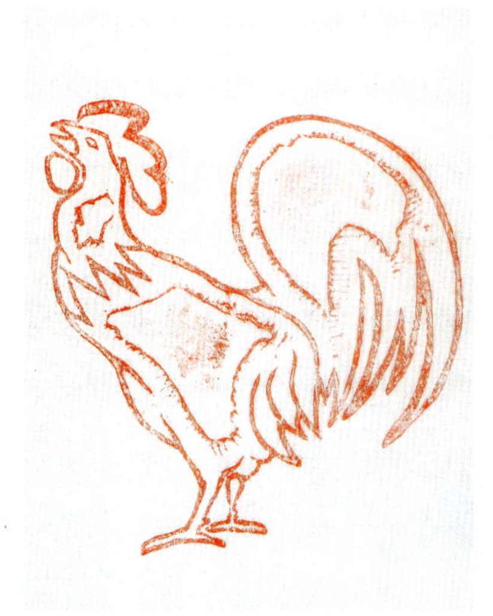

닭 부적 가회박물관 소장

도구로써의 기능을 믿고 있었기 때문으로 해석할 수 있다. 이는 당시 사회의 흉흉했던 민심 탓이기도 하지만, 위의 사례는 부적이 당시에 나름대로의 역할을 담당한 증거로 삼을 수 있다. 비록 벽사부적은 아니지만 부적의 실체를 확인해주는 중요한 자료이다.

이와는 별도로 닭을 이용한 축귀 행위도 있었다. 섣달에 베풀어지는 나례에서는 역귀를 구축하기 위해 닭 다섯 마리를 사용하였다. 그러나 정종이 생명을 지닌 닭을 대신하여 흙으로 소 네 마리를 만들어 사용하도록 하였다. 한해의 액을 막기 위해 12월에 베푸는 나례에 사용된 주물이 닭인 것은 이 시기에 그것이 지닌 주술성을 나름대로 인식하고 있었음을 나타낸다.

조선시대에는 단옷날에 대문에 붙일 벽사신인 종규를 그릴 때에 먹으로 종규의 그림을 그리고 닭의 피로 종규의 눈을 그리기도 했는데, 벽사의 신인 종규의 눈을 그리는 도구로 닭의 피가 사용되었다는 것은 주목할 만하다.

닭 부적은 흔히 오늘날 민간에서도 사용하는데, 가회박물관에 소장되어 있는 닭 부적이 그 예이다. 대개 음력 정월 초에 대문이나 방문 앞에 붙이는데, 닭의 울음소리는 귀신을 쫓는 기능이 있다고 알려져 있다.

닭의 축귀력을 믿는 사고는 동양뿐 아니라 서양에서도 엿볼 수 있다. 특히 세익스피어의 희곡 『햄릿』 1막 1장에 닭의 울음소리에 『햄릿』 아버지의 혼이 무슨 말을 하려다 사라지자 사람들이 닭의 축귀력에 대해 이야기하는 장면이 나온다. 이러한 닭의 축귀력을 부적에 이용하는 습속은 후대에도 계속되었다.

조선시대의 부적

조선시대에는 숭유억불崇儒抑佛 정책에도 불구하고 부적이 매우 다양하게 이용되었다. 왕실에서부터 사대부를 비롯하여 서민에 이르기까지 부적을 이용하였다. 특히 일상생활과 관련한 부적이 나타나기 시작하였으며, 각 종교에서도 다양하게 부적을 이용했다. 이전과 달리 특정한 목적에 의한 것이 아니라 일상생활상 필요에 의해 등장하였고, 그 종류도 다양하므로 부적의 저변화기 혹은 확산기라 할 수 있다.

세시풍속歲時風俗과 관련된 부적

원단元旦의 세화歲畫

음력 정월 초하루에는 대문 앞에 여러 가지 부적을 붙인다. 대표적인 것이 세화와 문배이다.

설날 항간에서는 벽 위에 닭과 호랑이 그림을 붙여 액이 물러가기를 빈다.[46]

위의 내용은 항간에서 베풀어지는 세화풍습이다. 홍석모는 『형초세시기』에서 정월 초하루에 닭을 그려 문에 붙인다고 설명하고, 호랑이를 그리는 이유는 정월을 인월寅月, 호랑이달이라 이르기 때문이라고 설명한다.[47] 그러나 닭은 신의信義의 동물이며, 음귀陰鬼의 활동을 제어하는 동물이다. 음귀는 닭의 울음이 밝음을 알리면 사라지기 때문이다. 이 때문에 닭은 음귀陰鬼를 쫓는 주력呪力을 가진 동물로 간주된다.

『설문해자』에는 닭이 때를 아는 가축이라 하였고, 『역경』에는 닭이 팔괘의 손巽에 해당되는 동물로 기록되어 있다. 손괘의 방위는 동남쪽이다. 이 방향은 여명이 시작되는 곳이기 때문에, 닭은 희망찬 출발이나 상서로움의 상징으로 간주된다. 옛사람들도 닭이 울면 모든 잡귀들이 사라진다고 믿었으므로 벽사의 의도로 닭 그림을 그렸다.[48] 광명이 임한다는 것은 곧 어두움과 사악한 것이 물러나는 것인 만큼 닭이 신성을 지닌 벽사의 동물로 간주되는 것은 매우 자연스럽다.

호랑이의 경우에는 인월을 정월로 정하면서부터라고 하나, 호랑이가 지닌 기본적인 상징성을 부인할 수는 없다. 호랑이는 동물의 맹장으로서 강력한 주력을 지닌 것으로 간주되기 때문이다.

문배門排

세화와 더불어 대문 앞에 붙이는 것으로 문배가 있다. 다음 기록은 세화와 문배를 분명히 구분하고 있다.

도화서에서는 수성壽星과 선녀仙女와 직일신장直日神將의 그림을 그려 임금에게 드리고, 또 서로 선물하는 것을 세화라 한다. 그것으로 송축하는 뜻을 나타낸다. 또 황금빛 갑옷을 입은 두 장군상을 그려 바치는데, 길이가 한 길이 넘는다. 한 장군은 도끼를 들고, 또 한 장군은 절節을 들었는데, 이 그림을 대궐문 양쪽에다 붙인다. 이것을 문배라 한다.

또 붉은 도포와 까만 사모를 쓴 상像을 그려 궁전의 겹 대문에 붙이고, 종규鍾馗, 중국에서 역귀를 물리치는 신가 귀신 잡는 상을 그려 붙이기도 하며, 귀두鬼頭를 그려 문설주에 붙이기도 한다. 이렇게 해서 액과 나쁜 병을 물리친다. 그러므로 여러 궁가와 척리戚里의 문짝에도 이 화상들을 붙이고 민가에서도 모두 이를 본뜬다.

속담에 황금빛 갑옷을 입은 두 장군은 사천왕의 신상이라고도 하고, 혹은 울지경덕 진숙보라고도 한다. 붉은 도포를 입은 자는 위정공이라고 한다. 생각건대 송민구의 『춘명퇴조록』에 "도가에서 상소하여 천문 수위의 황금빛 갑옷을 입은 두 사람을 그리는데 갈장군은 깃발을 들고, 주장군은 정월을 들었다"고 하였다. 지금의 문배가 이 갈·주 장군 같은데 세속에서는 전기 중의 당나라 문홍의 일을 억지로 붙여서 말하고 있을 따름이다.(홍석모, 『동국세시기』, 정월 원일 조)

위의 인용문에 의하면, 수성과 선녀, 직일신장 등의 그림을 임금에게 드리거나 서로 선물하는 것을 세화라 하고, 황금빛 갑옷을 입은 두 장군, 귀鬼 혹은 귀두鬼頭를 그려 대문 양쪽에 붙이는 이것을 문배라 하였다.[49]

또 「춘향전」에는 이도령이 춘향의 집에 도착하여 그 모습을 묘사한 구절에도 문배에 관한 내용이 다수 존재한다. 그 내용을 소개하면 다음과 같다.

이도령의 거동 보소, 춘행의 손목 들입다 덥썩 마주잡고 가슴이 도근도근 제두리뼈가 시근시근, 한 손으로 어깨 짚고 희희낙락 들어갈 때, 좌우편 살펴보니 집치레도 황홀하다. 대문짝 좌우 편에 울지경덕尉遲敬德 진숙보陳叔寶요, 중문에는 위징선생魏徵先生, 사문 활짝 높은 집을 입 구口 자로 지었는데, 상방 세 칸, 쌍벽장에 협방 두 칸, 대청 여섯 칸, 월방 네 칸, 부엌 세 칸, …….[50] (후략)

위의 내용을 볼 때에 춘향의 집 대문 좌우에는 을지경덕, 진숙보가 붙어있고, 중문에는 위징이 붙어 있음을 알 수 있다. 을지경덕은 당나라 초기의 유명한 장군이며, 진숙보는 진陳의 후주後主를 일컫는다. 위징은 당나라 정치가로서, 그가 쓴 시구가 유명하다. 이처럼 중국의 역사적 실존 인물의 화상畵像이나 정치가의 시구를 붙였다는 것은 앞에서 살펴본 문배와 유사한 기능을 하는 것이라 할 수 있다. 장군의 강력한 주력呪力으로써 액귀를 막고자 한 목적에서 사용된 것이라 여겨진다.

이러한 구분을 통해 볼 때 세화는 한 해를 축하하기 위한 성향이 강하다면, 문배는 액막이의 기능이 강한 것이라 할 수 있다. 액막이 기능을 하는 것으로는 이 밖에도 신라의 처용상이나 중국의 종규나 귀두를 그린 것이 있다. 궁궐 문에 붙인 이러한 것들을 민간에서도 차용하였다고 한 것으로 보아 문배의 풍습은 매우 보편화되었다고 하겠다.

이런 액막이 기능으로 사용되는 문배에 등장하는 인물의 특성은 그 자체로 문배의 성격을 설명해준다. 그 인물로는 위에서 언급된 처용, 중국의 종규, 귀두와 중국의 신도나 울루, 울지공, 진숙보, 위정공, 주장군, 갈장군 등이 있다.

아래의 기록을 통해 그 내용을 살펴보도록 하자.

지금도 문지방 위에서 어슴푸레 그 모습 보이는 듯하네

(김종직, 「개운포이영 처용암」, 「정필재집」, 권4)

신라의 지난 일 구름처럼 아득한데

신물(처용)은 한번 간 후 돌아오질 않네

신라 때부터 지금에 이르도록

다투어 그 얼굴을 꾸미고 그리네

요사를 물리치고 병을 미리 막으려고

해마다 설날이면 문 위에 붙인다네

(성현, 「처용」, 「허백당시집」, 권9)

어린아이는 여항에서 소리를 지르고

도시 사람들은 밤놀이를 하는구나

문간에는 울루鬱壘 자 붙어있고

창가에는 처용의 머리

액귀는 쫓겨갔으나

시마는 쫓겼다 다시 머무는구나

(성현, 「제석이수」, 「허백당시집」, 권2)

늠름한 신령이 온갖 사귀 쫓으니

척리戚里에 이듬해의 부적을 새로 나누어주네

한 쌍의 금빛 갑옷이 마귀를 굴복시키니

이것은 신도神茶와 울루의 그림 때문이네

(최영년, 「해동죽지」, 문신부)

위의 예에서 볼 수 있듯이 매우 다양한 형상을 문배
로 사용하였다. 그중 대표적인 존재로 처용과 중국의
대표적인 문신인 신도와 울루를 들 수 있다. 처용은 신
라시대의 인물이기는 하지만 고려, 조선에 이르기까지
꾸준히 문신의 역할을 했다.

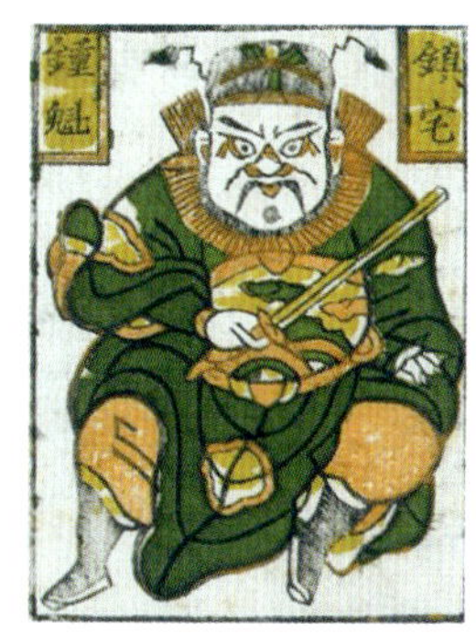

종규

신도와 울루는 종규와 더불어 대표적인 중국의 문신
門神이다. 이중 종규는 중국에서 널리 신봉하는 제액신除厄神이다. 당나라 현종玄宗이 병
상에 누워 있을 때 꿈속에 소귀小鬼 허모虛耗가 나타났다. 현종이 병사를 불러서 쫓으려
하자 갑자기 대귀大鬼가 나타나서 소귀를 퇴치하였다. 그리고 그 대귀가 자신은 종규
라고 하며, 관리 채용시험에서 낙제하여 자살한 자로서, 만일 정중하게 장례를 치러
준다면 천하의 해악을 없애주겠다고 했다. 눈을 떴을 때 병이 거뜬히 나아서 현종은
화공 오도자吳道子에게 명하여 종규의 모습을 그리게 했고, 이때부터 종규의 그림을 대
문에 붙여서 사귀악병邪鬼惡病을 쫓는 풍습이 생겼다고 한다.[51]

종규를 다르게 해석하기도 한다. 『중국신화전설』에서 종규신의 유래를 '종규終葵'
에서 나온 것으로 보고 있다. 이것은 명·청대 이래로 계속 제기되어 온 문제로서 '종
규'라는 두 글자의 발음이 합쳐지면 바로 '추椎', 즉 몽둥이라는 의미가 된다. 옛날 제
나라 사람들이 귀신 잡을 때 사용했던 것인데, 이 몽둥이가 인격화되어 종규가 귀신
을 잡는다는 전설이 생겨난 것으로 볼 수 있다.[52]

진숙보와 울지경덕 역시 문신의 일종이다. 이들은 장군의 모습에 손에 무기를 든
형태로 등장한다. 그들은 본래 당나라 태종 때의 장수들로, 궁중의 문을 지키는 궁전
의 문신이었다가 훗날 민간의 문신으로 변했다고 한다.

신도와 울루는 신들의 나라 통치자인 황제의 명을 받아 인간세상을 떠도는 귀신들

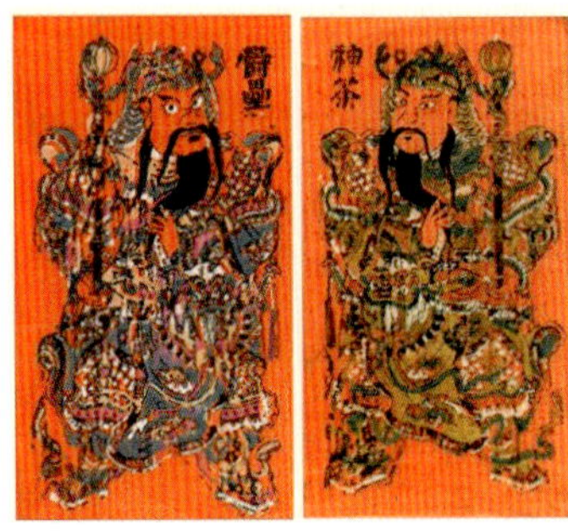

울루와 신도

을 다스리는 일을 맡은 존재들이다. 동해의 도산에서 큰 복숭아나무를 지켰는데, 그 나무 위에는 금계金鷄 한 마리가 있었다. 금계는 태양이 솟아오를 때면 부상수의 옥계가 우는 소리를 따라 울었다고 한다. 금계의 울음소리가 울려 퍼질 때면 신도와 울루는 복숭아나무 동북쪽 나뭇가지 사이에 있는 귀문 아래에 서서 인간 세상에서 돌아오는 귀신들을 조사했다. 그 귀신들 중에 유별나게 흉악하거나 악한 귀신, 인간 세상에서 착한 사람들을 해친 귀신 등이 있으면 두 형제는 즉시 그들을 갈대끈으로 꽁꽁 묶어 호랑이 밥으로 던져주었다고 한다. 그래서 흉악한 귀신들도 점차 사라졌고, 자기들 멋대로 굴지 못했다고 한다.

이처럼 문신은 대부분 강력한 힘을 지닌 존재로, 귀신을 억압하는 능력을 갖고 있다. 황제의 명을 받아 귀신을 다스리는 존재인 신도와 울루가 있기도 하고, 강력하고 탁월한 무력武力으로 귀신을 제어하는 진숙보, 울지경덕, 종규 등도 있다. 이와 달리 신라의 처용은 너그러움과 여유로움으로 역신을 감복시킨 존재이다. 외유내강外柔內剛이라는 말처럼 처용은 너그러움으로 오히려 액을 막아낸 것이다. 그러나 처용은 궁중에서는 별반 사용되지 않고 있다. 궁중에서는 중국의 문신을 이용하는 데 반해, 민간에서는 위의 사료들에서 보는 것처럼 처용을 이용하고 있다.

다양한 세화, 문배는 결국 정월 초하루라는 시간과 대문이라는 공간의 중요성에서 비롯된 것으로, 한해의 시작에 앞서 잡된 것을 막아 한해의 평안을 희구하는 바람이 응집된 결과라 하겠다. 이럴 경우 벽사부로써의 기능과 아울러 기복祈福이라는 측면이 혼재되어 있으므로 이를 명확히 구분하는 것은 무의미하다. 그러나 중요한 것은 기복에 앞서 벽사가 이루어진다는 사실이다.53) 벽사가 이루어지지 않은 상태에서 기복이 이루어진다면 불행을 막아야 하는 또 다른 과제가 남게 된다. 벽사가 이루어진다면 굳이 기복이 이루어지지 않아도 무해무덕無害無德한 삶을 영위하게 된다. 따라서 정월 원단의 벽사 행위는 무엇보다 중요하다. 이 중요한 행위를 대문에서 시작하는 것은 건물의 초입이 지닌 상징 때문일 것이다.

입춘과 입춘첩立春帖

입춘에 관상감에서는 주사朱砂로 천중절天中節의 붉은 부적을 박아 대궐 안으로 올린다. 그러면 대궐에서는 그것을 문설주 위에 붙였다.

갑작甲作은 흉한 놈을 잡아먹고, 필위胇胃는 호랑이를 잡아먹고, 웅백雄白은 산과 못의 귀신을 잡아먹고, 등간謄簡은 상서롭지 못한 것을 잡아먹고, 남제攬諸는 재앙을 잡아먹고, 백기佰奇는 판수를 잡아먹고, 강량强梁과 조명祖明은 함께 책살磔煞 당한 귀신과 기생寄生하는 귀신을 잡아먹고, 궁기窮奇와 등근謄根은 함께 벌레를 잡아먹는다. 대저 이 12신을 부려 흉악한 것을 쫓아내게 하고, 너의 몸뚱이를 으르고, 너의 사지를 떼고, 너의 살을 베고, 너의 폐장을 도려내게 하리라. 만일 네가 급히 가지 않아 늦으면 이들의 양식으로 만들리라. 빨리빨리 법대로 시행하렸다.

(홍석모, 『동국세시기』 정월 입춘 조)

위의 입춘첩은 12신령의 권능으로 온갖 잡된 것을 쫓아 새로운 시작을 축하하고자 하는 마음이 담겨 있다. 이 부적은 홍석모가 이르기를 곧 『후한서』 예의지에서 납일臘日 전날에 대대적인 나례를 하여 역질 귀신을 쫓을 때 진자侲子가 화답하는 말이다. 그런데 지금은 이것이 입춘날의 부적이 되었다. 단옷날에도 이것을 붙인다고 밝히고 있다. 그렇다면 중국의 섣달 나례의 내용이 우리나라에서는 입춘첩으로 활용되고 있었다는 것을 의미한다. 묵은해를 무사히 보내고 새해를 맞는 시기에 지내는 나례의 것을 입춘에 활용한다는 것은 결국 나례와 더불어 입춘을 조선에서는 또 하나의 시작을 앞둔 분기점으로 이해하였기 때문이다.

단오의 단오첩端午帖과 단오장端午粧

단오는 일 년 중에서 가장 양기陽氣가 왕성한 날이라 해서 큰 명절로 여긴다. 동시에 병원균이 성하기 시작하는 시기이기도 하여, 단오첩은 명절을 축하하기보다는 오히려 벽병부의 의미가 더 강하다. 이 날에 붙이는 단오첩의 내용은 알 수 없으나 양기가 강함을 축하하는 동시에 이를 제어하기 위한 내용이었을 것이다. 단오가 지나면 본격적인 논농사철로서 양기를 제어하고 음기陰氣인 비를 바라는 시기이기 때문이다.

다음의 기록을 보면 단오첩의 내용이 찬미와 규간을 포함하였음을 알 수 있다. 이 부적은 관상감에서 주사로 천중절(단오)의 부적을 박아 대궐 안으로 올린 것이다. 그러면 대궐 안에서는 그것을 문설주에 붙여 불길한 재액을 막았다. 54)

단오첩 가운데서 이덕해李德海·임성任城은 궁관宮官으로서 규간規諫을 하지 않고 오로지 찬미讚美만 했기 때문에 물리치고 뽑지 않았으며, 권정침權正忱이 지은 것은 비록 좋으나 역시 지나치게 찬미한 말이 있기 때문에 내가 몸소 비점批點하였다. 질실質實을 숭상하는 고장에서 어찌 찬미만 하는 말을 사용하겠는가마는 권정침을 옥성玉成하게 하기 위해서이다.(『영조실록』 권99, 38년 5월 3일 병신 조)

매년 단오 때 관상감에서는 주사朱砂로 쓴 붉은 부적을 찍어서, 천중적부天中赤符를 바치면 대내大內에서는 문 윗 중방에 붙여 살煞을 없애고 상서로운 일이 있기를 바란다. 또 사대부 집에서도 붙이는데 그 부적에는 "오월 오일 천중절에 위로는 천록天祿을 받고, 아래에서는 지복地福을 받게 하소서. 치우신蚩尤之神은 동두철액銅頭鐵額과 적구적설赤口赤舌로 사백사병四百四病이 일시소멸하게 하소서. 율령과 같이 급히 급히하라急急如律令"라고 씌어 있다.(홍석모, 『동국세시기』 5월 단오 조)

첫 번째 예에서 단오첩의 내용을 파악할 수 있는데, 규간과 찬미가 어우러져야 그 본의를 드러낼 수 있었던 것 같다. 찬미란 단오를 찬미하는 것을 말하고, 규간은 삼가

고 규범으로 삼아야 하는 것을 말한다. 찬미와 규간은 단오부적에 포함되어야 하는 중요한 내용인 것이다.

그러나 두 번째 사례를 통해서는 관상감에서 제작한 단오부적이 위로는 천록을 아래로는 지복을 받고, 치우신의 동두철액과 적구적설로 사악한 병마를 소멸시키라는 내용임을 알 수 있다. 이런 내용을 담은 글귀를 대궐 안 문 위 중방에 붙여 하늘과 땅의 권세를 빌어 복을 내리고, 병귀을 방지하고자 한 것이다.

이러한 시점에 사용되는 단오부적, 즉 천중부적을 주사로 그려서 문 위에 붙이는 것은 두 번째 기록에서 언급하였듯이 첫째, 살을 없애고 상서

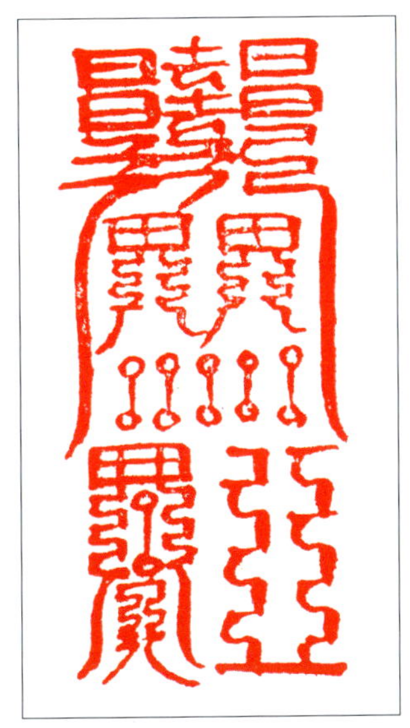

단오 천중부적天中符籍 국립민속박물관 소장

로운 일이 있기를 바라며, 둘째, 오월 오일 천중절에 위로는 천록을 받고, 아래에서는 지복을 받고, 치우신으로 하여금 동두철액과 적구적설로 사백사병이 일시소멸하게 급히 율령을 실행시키고자 하는 의미이다. 이는 결국 살과 질병을 제거하고, 앞으로 상서로운 일이 있기를 바라는 것이며, 그 대상은 하늘, 땅, 치우인 것이다. 하늘로부터 천록을 받고, 땅으로부터 지복을 받고, 구리머리, 쇠이마, 붉은 입, 붉은 혀를 지닌 치우에게 사백사병을 일시에 없애게 해달라는 염원을 담은 것이다.[55] 결국 이것은 하늘과 땅과 더불어 치우가 대표적인 강력한 주력을 지닌 존재임을 반증하며, 인간사에 있어 가장 근본이 되는 것이 녹祿 행복, 복福, 질병퇴치임을 알게 한다. 그중 질병은 치우가 퇴치하는 것으로 강력한 무력武力이 질병이나 재액을 소멸시킬 수 있다는 민간의 관념에 의한 것이다. 이처럼 강한 주력을 담은 천중부적은 도인桃印을 이용하여 주사로 쓰는데, 이것은 부적이 지닌 주력을 더욱 강조하는 것이다.

단오에는 창포물에 세수를 하고 머리를 감는다. 또 창포의 뿌리를 깎아 비녀를 만

들어 머리에 꽂는다. 이로써 재액을 물리친다 하였고 이것을 단오장이라 한다. 창포는 쑥, 마늘, 복숭아 등과 같이 주력呪力이 깃든 주초呪草로 간주되어 왔는데, 뿌리에서 좋은 향내가 난다. 이처럼 단오장 역시 주력의 힘으로 부정이나 재액을 물리치는 주구呪具라 하겠다. 그리고 창포가 나온 다음부터 농사를 시작하므로, 창포는 새로운 시작을 의미하기도 한다. 본격적인 농사를 앞두고 아름답게 성장盛粧함으로써 새로운 시작을 맞이하려는 의미도 포함되어 있다고 하겠다.

원단, 입춘, 단오에 주로 부적이 사용되는 것은 이들 절기의 중요성에 기인한다. 다른 어떤 절기에 비해 이들 세 절기는 특히 새로운 시작과 관련된다. 한해의 시작인 원단, 새봄의 시작인 입춘, 양기가 가장 성한 날로 여름의 시작이자 농사의 시작인 단오이기 때문이다. 이처럼 새로운 시작을 맞이하여 앞으로 재액이 틈타지 않기를 바라는 마음에서 행한 것이 바로 위의 절기에 행한 부적 붙이기이다.

생사의례와 부적

인간은 의례적인 존재이다. 태어나면서 죽음에 이르기까지 인간은 의례와 더불어 생활한다. 이때 인생의 고비마다 베푸는 평생의례에 부적이 사용되기도 한다. 위험을 수반하는 출산과 이승과 저승의 구분을 위한 죽음에 특히 부적이 많이 사용된다. 성인식이나 혼례식에 부적이 사용되지 않는 것과 대조적으로 출생과 죽음에 부적이 등장한다는 것은 부적이 지닌 성격을 더욱 분명하게 한다. 부적은 편안한 삶을 희구하고 위험과 예측 불가능한 상황을 안정되고 질서정연한 세계로 이끄는 주술적 도구이다. 그래서 성인식과 혼례식 같은 지위 이동과 관련한 의례보다는, 새로운 생명의 탄생과 같은 예측불가능성이나 사회 구성원의 멸실에 따른 심리적 공허함이 커지는 의례와 관련을 맺고 있는 것이다.

출산出産과 관련된 부적

출산은 혼인한 부부에게는 무엇보다 고대되는 일이다. 그러므로 임신이 되지 않을 경우에는 임신을 위해 많은 주술적인 수단을 강구하게 된다. 그중 하나가 부적을 사용하는 것이다. 『세종실록』에는 불임녀가 도끼부적을 지니면 사기를 쫓아내 임신할 수 있다 하여 신하들에게 하사하였다는 기록에서 불임부와 관련한 부적의 사용을 알 수 있다.[56] 도끼는 일반적으로 아들을 얻고자 하는 도구로 이용되었는데, 도끼 모형 3개를 끈에 꿰어 주머니에 넣고 허리에 차면, 3정승에 오를 아들을 얻을 수 있다고 믿었다. 도끼는 무력(권력)을 상징하기도 한다. 이처럼 도끼는 중요한 기복 도구이자 벽사 도구이다. 또한 『사씨남정기謝氏南征記』에도 득남부적得男符籍에 대한 기록이 있다.

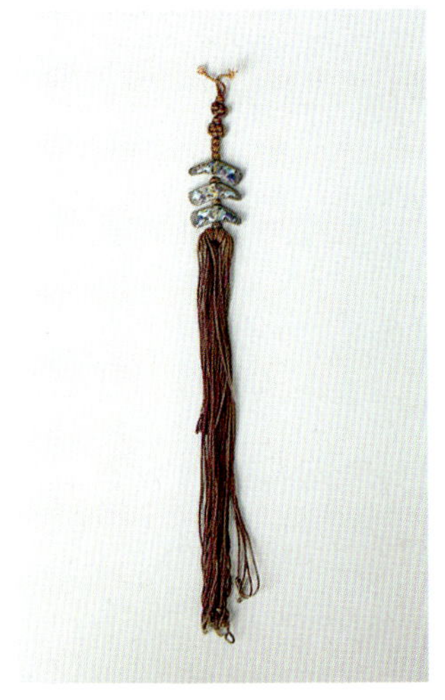

도끼노리개 조선시대, 상명대학교박물관 소장

　일단 임신이 되면 여러 가지 금기를 지키며 순산의 순간을 기다린다. 출산은 임신부에게는 무엇보다 큰 고통의 순간이기도 하다. 순산은 아이를 제때에 낳는 것인 동시에 아이와 산모의 생명에 탈이 없는 것을 말한다. 의학이 발달하기 이전에는 순산을 하지 못하여 고통을 당하기도 하고, 많은 경우에는 임신부가 생명을 잃기도 했다. 그래서 그 고통을 줄이고, 생명을 보호하고자 부적을 사용했다. 그 예는 궁실에서의 출산과 관련한 내용을 통해 살필 수 있다.

　궁실에서 아이를 출산하려면 먼저 산실청을 준비하고 산실청에는 부적을 붙인다. 산실의 24방위에 방위도를 붙이고, 산모의 무사 출산을 위해 최생부催生符를 붙이고, 산실 설치가 끝난 후에는 산모의 안전을 도교의 신령에게 요청하는 차지법借地法을 세 차례 외운다. 이때 부적은 모두 붉은색으로 한다. 이와 관련한 자세한 내용이 허준의 『동의보감東醫寶鑑』에 수록되어 있는데, 그 내용은 다음과 같다.[57]

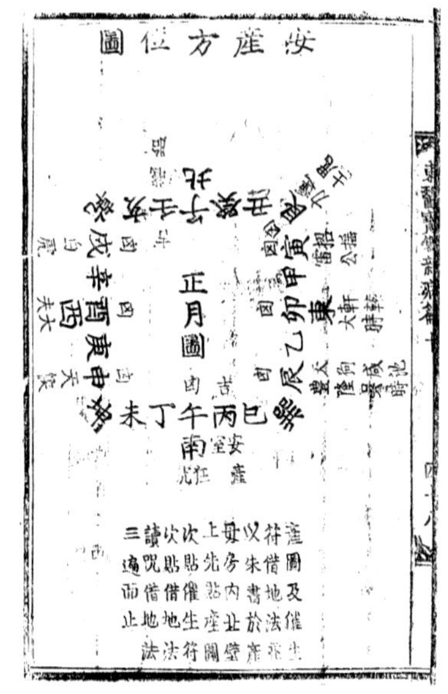

안산방위도

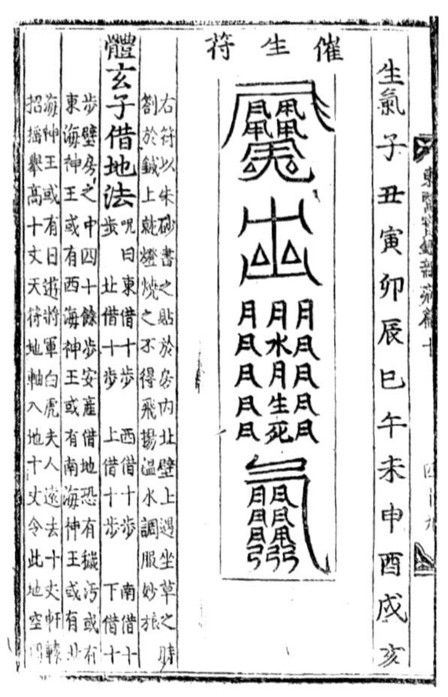

최생부 · 차지법

안산방위도와 최생부, 차지법은 모두 주사를 물에 푼 것으로 쓰는데, 먼저 산모의 방안 북쪽 벽에 안산방위도를 붙인다. 그리고 최생부를 붙이고 나서 차지법을 붙인다. 그 다음 차지법 주문을 세 번 외운다.

대체로 달에 따라 모두 해산할 때는 월덕방위月德方位에 향하고 태반을 버릴 때는 월공방 위月空方位에 묻는다. 열세 가지 신살神殺을 모두 꺼려야 한다. 만일 달이 바뀔 때에는 그 달에 해당한 안산방위도로 바꾸어 붙여야 한다. 절기가 드는 날에 바꾸어 붙인다는 것은 잘못된 것이다. 가령 음력 정월 14일이 입춘인데 임신부가 13일에 해산한다면 지나간 12 월에 써야 하기 때문에 반드시 그달 초하룻날에 써 붙이는 것이 옳다. 만일 절기 드는 날 에 써서 바꾸어 붙인다면 천덕天德이나 월덕月德이 틀려지게 된다.

해산 후 오로와 태반을 버리는 방향은 멀고 가까운 데 관계없이 버리되 폐두방肺肚方을 가 려서 버려야 한다. 예를 들어 정월은 월덕이 병丙방에 있으므로 해산할 때 방향은 병방에 정하고, 월공月空은 임壬에 있으므로 태반은 임방에 버리는 것이 좋다. 나머지 달도 이 방법대로 한다.

위의 내용처럼 안산방위도安産方位圖, 최생부, 차지법은 모두 주사로 쓴 부적이다. 안산방위도는 안산을 위해 방위를 표시하는 것이지만 모두 주사로 쓴다는 것은 그것이 최생부와 마찬가지로 부적의 기능을 하고 있음을 의미한다. 방위는 달이 바뀌면 바뀌게 되므로 방위도를 바꾸어 붙여야 한다. 이러한 부적은 대체로 초하룻날에 써 붙이도록 하고 있다. 차지법의 내용은 다음과 같다.

체현자차지법體玄子借地法

東借十步 西借十步 南借十步 北借十步 上借十步 下借十步 壁房之中 四十餘步 安産借地 恐有穢汚 或 有東海神王 或 有西海神王 或 有南海神王 或 有北海神王 或 有日遊將軍 白虎夫人 遠去十丈 軒轅招搖 擧高十丈 天符地軸 入地十丈 令北地空閑 産婦某氏 安居無所妨碍 無所畏忌 諸神擁護 百邪逐去 急急如律令

이러한 부적은 모두 산모의 안산을 위한 조치라고 할 수 있다. 이 밖에도 궁중에서는 여러 가지의 조치를 취하는데, 이것들도 모두 안산을 위한 주술적인 조치로, 결국 부적의 기능을 지니고 있다고 할 수 있다. 그 내용을 살펴보면 다음과 같다.

산실의 길방에 산모가 몸을 풀 산자리를 까는데, 갈초, 백문석, 갈문석, 양모모, 유둔, 백마피, 세초석의 순서이다. 산자리의 아래쪽에는 다남서피多男鼠皮와 태사를 놓았다. 태를 받아 놓을 태의胎衣를 둔 방향에도 붉은색으로 쓴 부적을 붙였다. 그 다음에는 의관이 차지법을 세 번 외운 다음에 산방의 벽에 마사를 걸었는데, 이것은 해산할 때 산모가 잡기 위함이다. 이어 흘철관이 산실 밖에 해산 후 산자리를 거두어 둘 곳에 못을 박고 붉은 실을 걸어둔다.[58]

죽음과 관련된 부적

죽음은 자신과 관련한 가족 구성원 중의 한 명을 미지의 세계로 떠나보내야 하는 순간이다. 망자가 가야 하는 미지의 세계는 경원의 대상인 동시에 두려움의 대상이다. 그러므로 죽은 자를 보낼 때도 여러 가지 조치를 베푼다. 편안하게 저승으로 가도록 돕는 것에서부터 시작하여, 저승에서 보낼 편안한 삶을 위해 식량과 여비를 주는 의례도 있다. 이와 더불어 저승에서의 다양한 삶의 문제를 해결하기 위해 부적을 넣기도 한다.

조선시대에 실제 망자를 위해 부적을 넣은 사례가 확인되었는데 하나는 파주시 금촌읍 금풍리의 미이라 정온鄭溫, 1481~1538의 묘에서 발굴된 부장품副葬品이고, 다른 하나는 대전 월드컵축구경기장 부지 조사에서 출토된 미이라의 것이다.

1995년 11월 6일 경기도 파주시 금촌읍 금풍리에서 미이라로 출토된 정오품 통례원 찬의를 지낸 정온의 묘에서는 다량의 복식과 관내의棺內衣가 함께 출토되었는데, 보살상과 비천상 그리고 진언다라니경과 불교 부적이 함께 매장되어 있었다.59)

파주 정온 묘 출토 부적의 형태는 관내의 사진을 통해 확인할 수 있는데 그 하단에 글귀가 쓰여 있다. 그 글귀는 "鬼神不侵 當得見佛 當生淨土 見者愛敬 爲貴人念 自然遠離三災 能避爭訟之厄 能産印朱書呑之出"로 삼재 등 모든 액에서 벗어나고 귀신이 침범하지 말고, 부처님에게 의지하여 정토에 태어나기를 바라는 내용을 담고 있다.

이 밖에도 염습의에는 관세음보살좌상과 비천상, 그리고 육자진언의 다라니경, 범어가 24항 12자씩 배열된 다라니경이 먹으로 찍혀있다. 이는 망자 혹은 그를 매장하는 주체가 불교도였음을 의미한다. 염습의에 목판 문양을 시문하고, 관 내벽에는 종이로 만든 부적을 붙인 것은 그러한 내용을 보다 분명히 한다. 죽음과 관련하여 이러한 부적이 사용되는 것은 불교도의 극락왕생을 바라는 마음의 발로에서 비롯되었다고 볼 수 있다.

그러나 위의 내용 중 삼재와 관련한 내용은 이 부적이 망자를 위해 별도로 제작된 것인가 하는 의문을 갖게 한다. 자연원이삼재自然遠離三災란 삼재가 자연스레 멀리 떠난다는 의미로, 이러한 내용은 결국 망자보다는 산 자에게 더 필요한 것이기 때문이다. 그렇다면 이들 부적은 망자를 위해 별도로 제작되었다기보다는 당시 불교가 지닌 속성 즉 현세불교가 아닌 미래지향적인 불교의 성향과 현세의 필요성이 적절하게 혼합되어 만들어낸 합작물로 해석할 수 있을 것이다. 때문에 목판으로 제작되었을 것이며, 산 자를 위해서나 죽은 자를 위해서나 불교도라면 누구에게나 필요한 물건이 될 수 있다. 그러므로 일괄로 배포된 부적이 필요에 따라 취사선택되어 다양하게 사용되었을 것으로 추정된다.

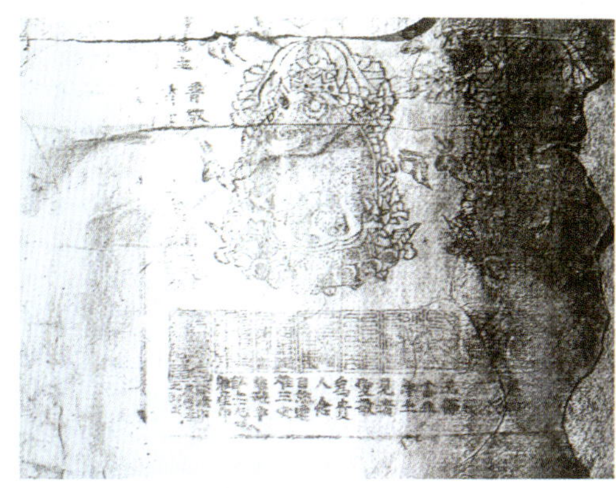

정온의 묘 출토 관내의
단국대학교 석주선기념박물관 소장

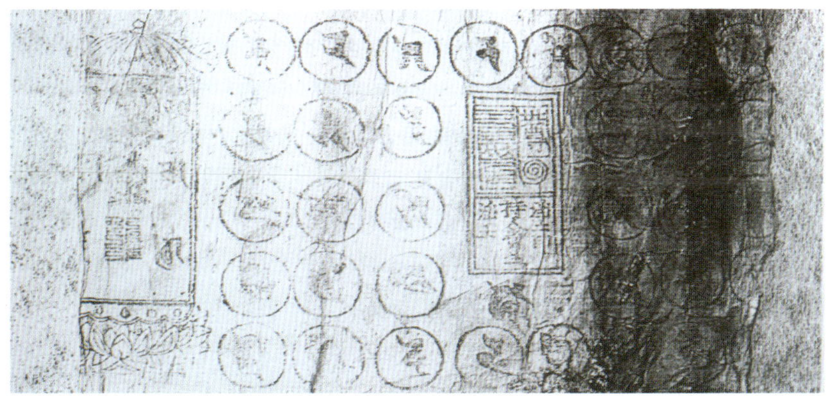

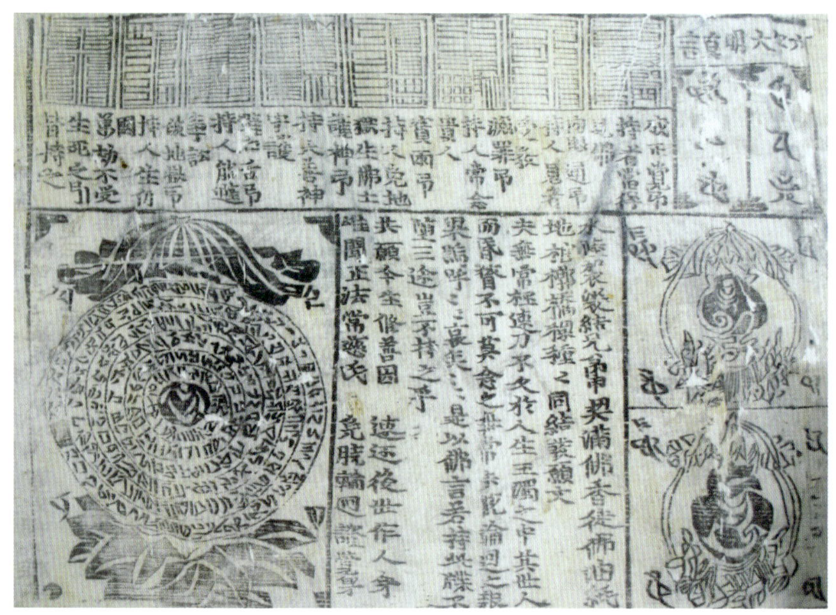

대전 월드컵경기장 부지 내 묘지에서 발견된 부적 한남대학교박물관 소장

이보다 앞선 연대로 추정되는 부적인 대전 월드컵축구경기장 부지 내에서 출토된 주인을 알 수 없는 분묘의 부적을 살펴보자. 이 분묘에서 나온 육자대명왕진언과 다라니 부적과 함께 그려진 불교 부적들은 지금까지 알려진 조선시대 부적 중 가장 초기의 것으로 알려져 있다.[60] 이 부적 중 육자대명진언六字大明眞言으로 된 부적의 내용을 소개하면 다음과 같다.

六字大明眞言 成正覺吊 持者當得見佛 肉眼通而 持人見者受敎 滅罪而 持人常念貴人

寶雨而 持地獄生佛土 護神而 善神守護 避口舌而 持人能避爭訟 破地獄而

持人生仍國 萬劫不受 生死之而 堅持之

위 부적의 내용은 진언이라는 말처럼 밀교 부적임을 알 수 있다. 위의 진언의 대부분은 불교도에게 필요한 내용을 담고 있다. 정각正覺을 이룬다거나, 견불見佛을 한다거나, 멸죄滅罪를 한다거나, 면지옥免地獄을 한다거나 하는 것은 불교도와 관련이 있다. 특히 망자의 저승 생활에 밀접히 연계된다. 그러나 피구설避口舌, 능피쟁송能避爭訟 등은 저승 생활보다는 이승 생활과 더 밀접한 관련이 있어 보인다. 구설수를 피하고, 능히 송사에 연류되지 않도록 하는 것은 이승의 삶에서 중요한 부분이기 때문이다. 위의 정온 묘에서 출토된 부적과 마찬가지로 이것 역시 죽은 자를 위해 특별히 고안된 부적이라기보다는 당시에 일상적으로 통용되던 부적으로 보인다. 즉, 산 자나 죽은 자를 구분하지 않고 일상적으로 사찰에서 처방되던 부적이었던 것으로 생각된다.

또한 이 부적의 경우는 망자의 저고리 속에서 출토되었고, 인쇄물인 점으로 미루어 보아 이것 역시 사찰에서 대량으로 제작하여 배포한 것으로 보인다. 대량 배포되었다는 것은 당시에 이러한 부적의 사용이 상당히 빈번했음을 의미한다.

조선 후기에 불교는 이미 사회이념을 제공하는 종교로서의 기능을 잃고 내세를 담당하는 종교로 간주되고 있었다. 이러한 점을 감안한다면 사찰에서 발행된 것으로 보이는 이러한 부적은 사찰이 지닌 당시의 종교성을 잘 드러내 준다고도 할 수 있다.

실생활과 관련된 부적

인간의 삶에는 화복禍福이 다양하게 존재하는데, 복을 받고 화를 모면하기 위해 인간은 다양한 주술적인 도구를 이용해왔다.

어소御所 이동 부적

조선의 궁궐은 임금이 거처하는 법궁法宮과 가끔 옮겨 생활하는 이궁移宮의 이중적인 체제로 이루어져 있는데, 이궁으로 옮겨가거나 법궁으로 환궁할 때 일정한 의례를 베풀었다. 특히 공간을 옮길 때는 이동에 따른 위험이 수반되기 때문에 관리가 철저하게 이루어졌다. 인간적인 부분에서 막을 수 있는 위험은 대비함으로써 극복할 수 있지만, 비인간적인 부분과 관련한 것은 별도의 조치를 취하지 않으면 안 되었다. 그러한 조치 중의 하나로 부적이 사용되기도 하였는데, 그 실례는 『중종 실록』 10년의 기록에서 찾아볼 수 있다.

홍문관 부제학 신상이 차자를 올리기를, "요즈음 날을 정하여 어소御所를 옮기는 일이 매우 창황蒼黃합니다. 궁금宮禁의 일은 은밀하여 그 까닭을 알 수 없으나, 장님과 무당이 재액을 물리치는 푸닥거리를 하는가 하면, 포砲를 쏘며 부적과 주술을 써서 귀신을 두렵게 만들어 누르려 하고 있습니다. 이것으로 헤아려보면 반드시 금중禁中에 사괴邪怪한 일이 일어나서 그런 것이 아닌가 하는 생각이 들어 신 등은 놀라고 근심하여 마지않습니다. 대체로 마음이 광명光明하면 요괴妖怪한 것이 나타나지 못하지만, 의심이 한번 싹트면 온갖 괴이한 것이 함께 일어나는 것입니다. 그것을 바른 마음으로 진압鎭壓하지 못하고 구구區區하게 푸닥거리와 주술에 매달리면, 다만 마음의 의심을 더할 뿐입니다. 임금의 한 몸은 하늘의 밝은 명命을 받아, 사직社稷과 신인神人의 주主가 된 것입니다. 주상의 일동일정一動一靜이 바로 가정의 법이 되고 나라의 의표儀表가 되는 것이니, 결코 경이輕易하게 할 수 없습니다.(『중종실록』 권22, 10년 4월 21일 무인 조)

위의 기록을 보면 어소를 옮길 때 장님과 무당이 재액을 물리치기 위해 푸닥거리를 했는데, 이때 포를 쏘기도 하고 부적과 주술을 써서 귀신을 두렵게도 하였다. 이러한 방식은 공간의 이동과 입주라는 측면에서 시·공간성과 관련된다. 새로운 공간이라는 것은 미지의 것으로, 알 수 없는 시간과 공간으로의 접근을 의미한다. 때문에 혹여라도 발생할지 모를 재액을 막기 위해 일정한 의례를 베풀어야 하는 것이다. 오늘날 아파트나 건물에 새로 입주하게 되는 경우에 고사를 지내거나 일정한 예방의 조치를 행하는 것과 동일한 차원으로 이해된다.

이러한 행위는 중종 때에 새롭게 등장한 사림에 의해 주춤하게 된다. 그러나 이미 건국 초기부터 유학의 이념을 논한 조선에서 중종대까지 주술적인 의례가 공공연하게 이루어졌다는 것은 매우 이례적인 일이다. 더군다나 왕이 어소를 옮기는 것은 궐 밖 민중들에게도 알려질 정도로 큰 행사였음을 감안할 때, 조선 초기에는 사회의 다양한 삶의 구성요소에 유교식 절차가 미처 마련되지 않았기 때문이라고 해석할 수 있다. 하지만 유학을 지상의 학문으로 여기는 사림이 등장하면서 더이상 주술적인 의식은 행해지기 힘들었을 것으로 보인다.

이러한 의례 행위는 예식장 혼인이 보급되기 이전의 혼례식에서는 매우 흔하게 볼 수 있었다. 신부가 신랑집에 처음으로 들어가거나, 신랑이 신부집에 처음으로 들어갈 때에는 반드시 위와 같은 의례를 베풀곤 했다. 이러한 의례가 비록 근래에는 무당이나 장님에 의해 치러지지는 않았다 하더라도, 문이라는 공간이 지닌 주술적인 특성과 연계하여 조선 전기 이전부터 의례가 이루어졌다고 할 수 있다.

피접避接과 관련된 부적

예전에는 질병을 귀신의 장난으로 간주하여 이를 피하기 위해서 다양한 방법을 사용했다. 약물 치료와 더불어 주술적인 치료도 중요한 부분을 차지했다. 조선의 중종대에는 왕자의 병을 낫게 하기 위해 피병避病을 했는데, 이때도 역시 부적을 사용하였다.

신 등이 삼가 고찰하건대, 옛적의 세자들은 거처나 음식이 모두 떳떳한 법도가 있었다. 그런데 지금은 평소의 원자 교양이 지극히 소략하니 한심하다 하겠다. (중략) 탄생한 처음에 아직 성질이 굳어지지 않았는데 보모保母에게 주어 곧 외간外間으로 나가되, 동쪽으로 피접했다 서쪽으로 갔다 하기를 한 달에도 두서너 번씩이나 하며, 잡다한 부적이 문에 나붙고 고사는 화복 이야기만 늘어놓는데, 오직 방위만 묻고 처소는 가리지 않는다.

(『중종실록』 권27, 12년 1월 19일 을미 조)

위의 사료를 볼 때 세자는 태어나서 곧 보모에게 넘겨져 궁궐이 아닌 외가에서 자랐다. 이때 피접이라 하여 동쪽과 서쪽을 한 달에 두서너 번씩 왔다 갔다 했는데, 옮겨가는 집의 문에는 부적을 붙였다. 이러한 일련의 행위는 모두 잡된 것으로부터 세자를 보호하기 위한 주술적인 행위이다. 특히 피접은 귀신이나 잡귀의 범접을 막기 위해 공간을 달리하는 것으로, 오늘날 환자를 위해 굿을 하고 피병을 위해 다른 집으로 가는 것과 동일한 맥락으로 이해된다. 세자는 왕과 더불어 나라의 기둥으로 그의 안위는 무엇보다 중요한 일이었으므로 이처럼 다양한 방법이 구사된 것이며, 동일한 차원에서 부적이 사용되었던 것이다.

한편 피접과 동시에 세자가 머무는 집의 대문에는 부적을 붙였다고 한다. 문은 안과 밖을 구분 짓는 중요한 분기점으로, 인간이 문을 통해 출입을 하듯 잡귀잡신도 문을 통해 드나드는 것으로 여겼기 때문이다. 그러므로 다른 어떤 곳보다 문은 종교적인 도구의 설치가 절실한 공간이라고 할 수 있다.

화재 예방 부적

경복궁 근정전 2층 지붕에서 경복궁 중건과 관련한 문서가 나왔는데, 이와 함께 근정전에서는 수水 자를 큼지막하게 쓴 장지 2장(38.5×44.5cm)과 용을 그린 장지 1장(38.3×27cm), 은으로 만든 6각형 모양 장식품(용마루의 육각수 부적, 각 폭 3.6cm, 두께 2.5mm) 5개가 발견됐다. 이 중 수 자는 각 천 자 가량이나 되는 용龍 자를 채워 넣어 장식했으며, 6각형 은장식에는 각 모서리마다 역시 수 자를 새기고 모두 금가루로 입힌 아말감(수은과 타 금속과의 합금) 도금을 했다.[61] 이 밖에 용을 그려 넣거나 쇠로 만든 용을 만들어 넣기도 했으며, 수막새의 파도무늬를 부적으로 사용하기도 했다.

위의 내용은 모두 조선시대에 씌어진 화재 예방 부적으로 임금의 어전인 근정전의 지붕에 봉안되어 있다. 그 이유는 용은 임금을 상징하는 한편 옛날에 용龍이라는 글자를 '미르(물)'로 새긴 데서 볼 수 있듯 물과 용은 밀접한 관련이 있기 때문으로 보인다. 또한 은이라는 금속이 갖는 찬 이미지와도 연관이 있는 듯하다. 즉, 임금이 거주하는 곳이라는 뜻과 함께 경복궁이 화재 우려가 큰 목조 건물이라는 점을 의식해 불을 막기 위한 어떤 주술적인 구실도 겸한 것으로 추정된다.[62]

또한 경복궁 정면에는 지금도 해태상이 놓여있다. 이를 두고 일부에서는 경복궁의 화재를 예방하기 위한 것이라고 한다. 그러나 이것은 궁궐문 밖에 위치한 사헌부의 관리들이 교감으로 삼기 위해 마련한 법질서의 수호자로서의 상징물이라 한다.[63]

이 밖에도 궁궐에는 화재 예방을 위한 부적이 하나 더 있다. 다름 아닌 숭례문崇禮門의 편액이다. 다른 궁궐의 대문과 달리 숭례문의 편액은 세로로 씌어있다. 숭례문의 예禮 자는 오행의 화火에 해당하고, 숭崇 자는 '높이다'의 뜻과 함께 '가득차다'라는 뜻을 포함하고 있다. 따라서 이 두 자를 수직으로 써서 마치 타오르는 형상을 하게 했다.

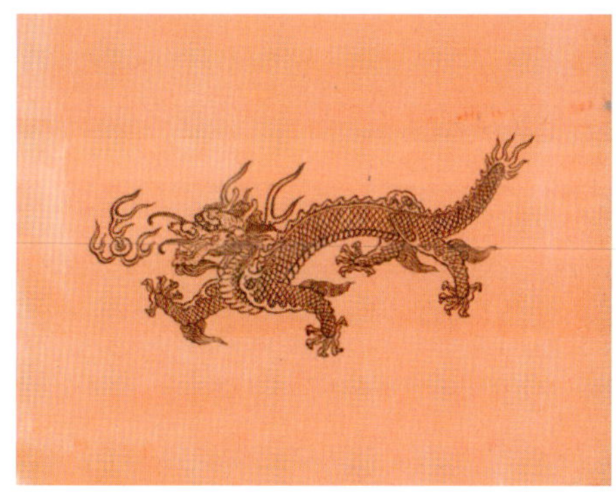

궁궐에서 사용했던 용 그림 부적

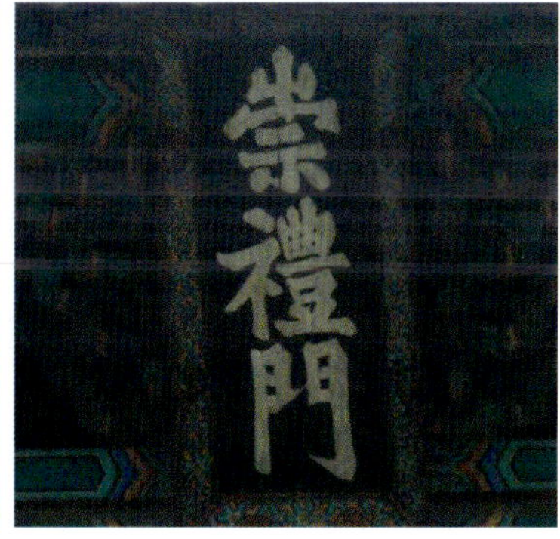

숭례문 편액

불에 해당하는 예 자와 숭 자를 포개면 불이 더 잘 탈 것이라 생각했다고 한다. 즉 "불로써 불을 다스린대[以火治火]"의 오행의 원리를 적용한 것이다.[64]

궁궐이 아닌 사찰에서도 유사한 것을 발견할 수 있다. 순천 선암사의 승방의 칸막이에 수水 자가 음각되어 있으며, 서울 진관사의 벽에는 수 자를 쓴 종이가 거꾸로 붙어 있다. 설악산의 신흥사나 계룡산의 동학사에도 역시 수 자를 거꾸로 쓴 부적을 붙였다고 하는데, 지금은 남아 있지 않다. 이들 사찰은 대부분 화재를 예방하기 위해 부적을 붙였다고 한다.

전남 순천에 위치한 선암사는 화재가 빈번하여 대웅전과 심검당, 창파당에 해海 자와 수 자를 그리거나, 투각을 해 두었다. 대웅전에는 해 자가 서까래 사이사이의 창방에 씌어있는데 단청이 없는 창방에 흰 물감을 이용하여 둥근 원 안에 써 넣은 것이다.

심검당과 창파당에는 수 자와 해 자를 벽면의 목판에 투각해 두었다. 현재 성보박물관으로 이용되고 있는 심검당 정면에 있는 여섯 개의 문 중 왼쪽 문 위와 오른쪽의 문 두 개에 각기 해 자와 수 자가 투각되어 있다. 이 역시 둥근 원 안에 글자를 한 자씩 넣었다. 창파당으로 들어가는 문 위의 벽면에도 역시 심검당과 같은 방식으로 제작된 글자가 새겨 있다. 투각된 글자 위에는 흰 페인트로 칠을 해 멀리서도 쉽게 알아볼 수 있다.

이처럼 대웅전을 중심으로 한 건물에 각기 수 자와 해 자를 쓴 것은 화재를 예방하기 위한 것이다. 선암사는 본래 도선국사가 창건했다고 하는데, 현재까지 큰 불이 세 차례나 나서 대웅전 등의 건물이 화마의 피해를 입었다. 선암사에는 화재와 관련해서 다음과 같은 이야기가 전한다.

선암사는 다른 절과 마찬가지로 정유재란 때에 큰 피해를 입었는데 모든 전각이 불에 타고 철불, 보탑, 부도, 문수전, 조계문, 청측만이 남았다고 한다. 그 후 선암사는 복구를 못하다가 1660년에 경준敬俊, 경잠敬岑, 문정文正의 세 대사에 의하여 대웅전을 세우는 등 8년간 괄목할 중수를 이루었다. 영조 35년(1759) 봄에 선암사는 다시 화재를 만나 큰 피해를

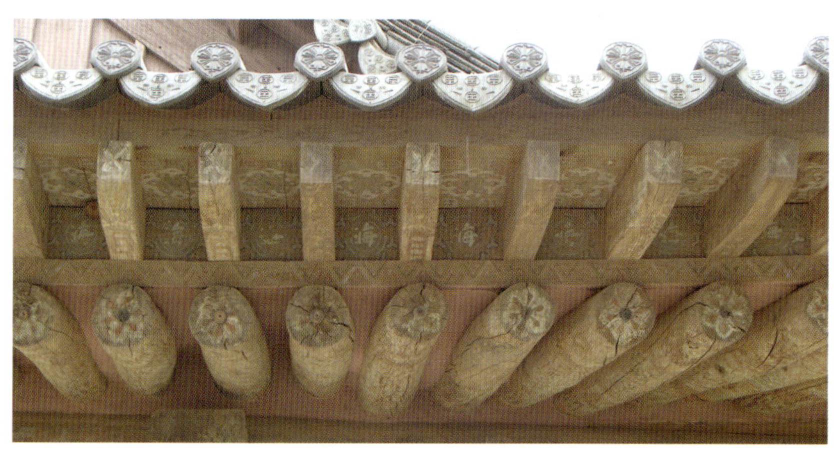

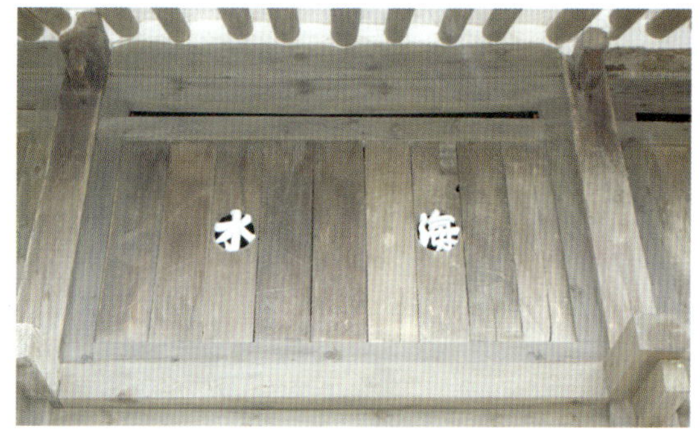

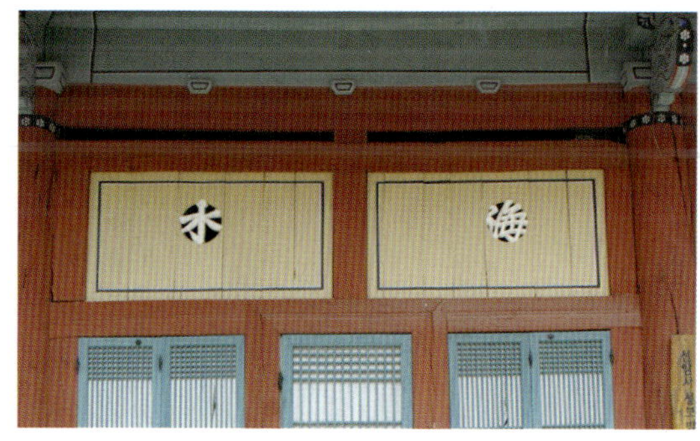

맨위_선암사 대웅전의 해海 자 부적

가운데_선암사 창파당의 화재 예방 부적

옆_선암사 심검당의 화재 예방 부적

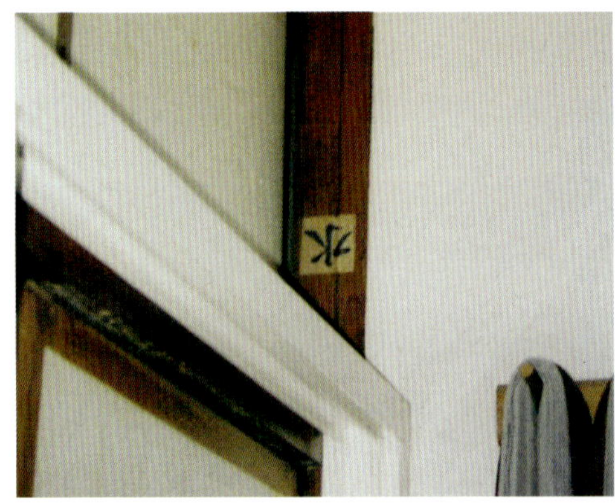

진관사의 수水 자 부적

입게 되었는데, 상월새봉霜月璽封과 서악西岳 스님이 다음해인 1760년에 재건 불사를 시작하였다. 이때 상월 스님은 화재를 예방하기 위하여 1761년 산 이름을 청량산 사찰 명을 해천사로 개칭하였다고 한다. 순조 23년(1823) 3월 30일 실화로 대웅전을 비롯한 여러 동의 건물이 불에 타자 다음해부터 해붕·눌암訥庵·익종益宗 등이 제 6중창 불사를 하여 현재의 가람의 규모를 갖추었다. 이처럼 선암사는 화재의 피해를 자주 입은 사찰이다.[65]

이처럼 화재 사고가 많았던 곳이기 때문에 수 자와 해 자 부적을 통해 화재를 예방하려고 했음을 추정해 볼 수 있다. 실제 선암사의 스님들도 이 부적은 화재를 예방하기 위한 조치라고 한다.

대웅전의 부적을 제외하면 부적이 모두 문에 설치되어 있다는 것은 문의 중요성을 다시 한 번 확인하게 한다. 문은 인간이 드나드는 공간인 동시에 잡귀나 화마가 드나들 수 있는 곳이므로 이곳에 부적을 설치해 둠으로써 화마를 예방하고자 한 것이다. 또한 건물을 지은 후에 나중에 부적을 설치한 것이 아니라, 건물의 부재를 부적으로 이용하고 있는 점으로 볼 때 화재예방에 대한 강한 관심을 짐작할 수 있다.

또 선암사 성보박물관에 보관된 해 자명 막새의 존재는 목판 이전에도 화재 예방을 위한 조치가 있었음을 알려준다. 잦은 화재는 결국 이처럼 지붕 위에 설치하는 막

새를 부적으로 삼게 했고, 건물의 부재에 부적을 새
겨 넣도록 하였다.

이 밖에도 고려시대에 건립되었지만 한국전쟁으
로 소실되어 1963년에 중창된 서울시 은평구에 위
치한 진관사가 있다. 이 사찰 역시 예로부터 화재가
자주 일어나 이를 예방하기 위해 노력했다는 스님
들의 이야기가 전해진다. 스님들은 요사채의 방안
네 귀퉁이에 수 자를 거꾸로 붙여 두었다고 한다. 이
는 물이 쏟아 내리라는 의미가 담긴 것으로 볼 수 있

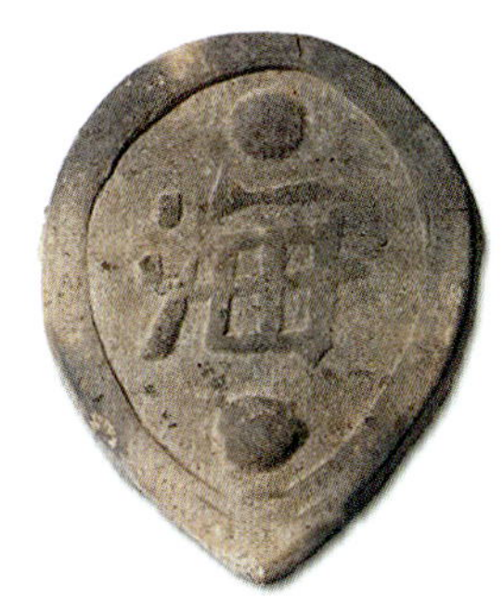

선암사 해海 자명 막새

는데, 유사는 유사를 낳는다는 유사 주술적인 원리가 담겨있는 듯하다. 이러한 것들
은 모두 오랜 경험에서 배태된 습속으로 화재를 예방하기 위한 노력이라 하겠다.

건축물과 부적

사람들은 자신이 거주하고 있는 공간을 편안하고 안정된 공간으로 꾸미기 위해 건
물에 다양한 물건을 비치하는데 그중 하나가 잡상雜像과 같은 주술적인 도구이다. 잡
상은 잡된 것이 집안으로 들어오지 못하도록 예방하기 위해 마련한 주술적인 상징물
로, 벽사의 의미로 사용되곤 하는 주물이다. 조선시대 궁궐의 지붕 위에 여러 개의 상
을 만들어 놓은 것이 대표적인 예다.

『조선도교사朝鮮道敎史』에 의하면, 궁궐의 전각과 문루의 추녀마루 위에 놓은 10신
상神像을 일러 잡상이라 하는데, 이는 소설 『서유기西遊記』에 나오는 인물 및 토신土神을
형상화하여 벌여놓아 살을 막기 위함이라 한다. 이 10신상에 대해 『어우야담於于野談』
에는 대당사부大唐師傳, 손행자孫行者, 저팔계猪八戒, 사화상沙和尙, 마화상麻和尙, 삼살보살三
煞菩薩, 이구룡二口龍, 천산갑穿山甲, 이귀박二鬼朴, 나토두羅土頭의 상을 적고 있다.[66]

잡상이 기와지붕 위에 놓이게 된 유래를 『서유기』에서 찾아볼 수 있는데, 그에 따
르면 당나라 태종의 꿈속에 밤마다 나타나는 귀신이 기와를 던지며 괴롭히자 문·무관

을 내세워 전문殿門을 수호하게 하였다고 한다. 그러나 불법 홍보 등의 방편에서 당나라 이후에 와서야 비로소 채택된 것으로 보인다.[67]

이러한 잡상은 우리의 『궁궐의궤』에도 잡상·용상 등으로 불리면서, 설계입면도〔間架圖〕에는 매우 간략히 그려지고만 있어 그 형상 하나하나를 바로 알 수는 없다. 윤열수 가회박물관장은 이 잡상이 아홉 개일 때는 '용의 아홉 아들'이라고도 한다.

현재는 19세기 이후 것만 실물 자료로 남아 있는데, 선인상 또는 대당사부 현장상이 아예 없으며 손오공상이 가장 앞에 놓여 있다. 중국에는 궁궐·문루·관아·능사陵祠·사찰의 지붕 위에 모두 잡상을 찾아볼 수 있다. 우리나라의 경우에는 사찰 지붕에서는 찾아볼 수 없고, 궁궐의 장식물로 사용된 예를 볼 수 있다.

유사한 목적으로 사용된 궁궐의 장식물이 하나 더 있다. 창덕궁 금천교禁川橋의 신상이 그것이다. 다리 중앙부의 홍예 기반석 남쪽 면에는 해태상을, 북쪽에는 거북상

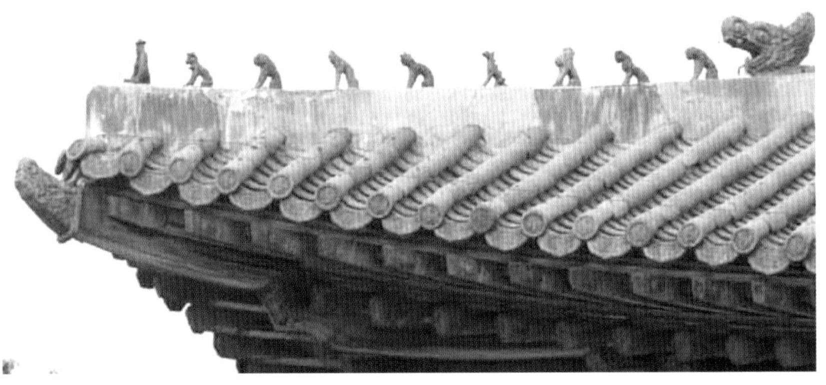

창덕궁 인정전의 잡상

을 설치하였다. 이들 조형물은 다리를 통해 들어오는 온갖 잡된 것을 막겠다는 강력한 의지의 산물로 볼 수 있다. 특히 다리 아래 물 속에 잠기는 부분에 귀면과 거북을 조각해 둔 것은 땅으로부터 혹은 물로부터 침입할지 모르는 잡된 것을 예방하기 위한 것으로 볼 수 있다.

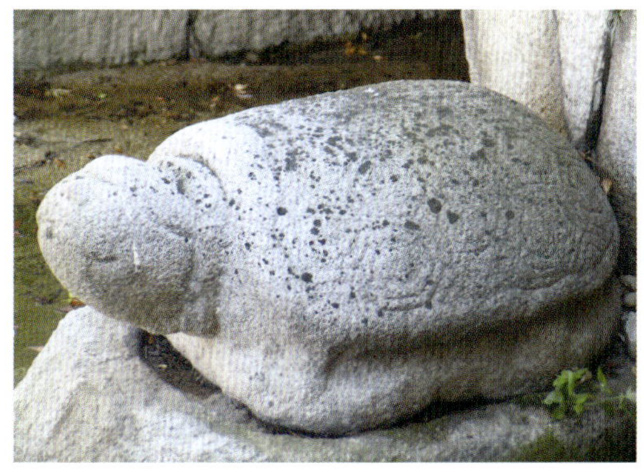

창덕궁 금천교의 돌거북

이러한 동물의 형상이 궁궐로 들어가는 금천교 다리 위와 아래에 장식되어 있다는 것은 결국 벽사의 기능을 지닌 부적과 일맥상통한다. 한편, 울진 불영사 대웅전 기단 축대에도 조형된 한 쌍의 거북이 있는데 이는 화재를 예방하기 위한 것으로 보인다.

종교와 부적

무속신앙과 부적

무속은 조선시대에 숭유억불 정책에 의해 음사淫邪로 간주되어 이전 시기에 비해 많이 위축되어 있었다. 무속에서 부적의 사용은 매우 일반적이었을 것으로 여겨지지만 그러한 사례를 파악하는 데 어려움이 있다. 무속에서의 부적 사용은 위에서 언급한 어소를 이전할 때 궁궐의 대문 앞에 붙이는 부적과 피접을 할 때에 대문에 붙였던 부적 등을 사례로 들 수 있다.

그러나 무속에서는 인간을 보호하기 위한 주술적인 도구 이외에 인간에게 위해를 가하기 위해 행하는 주술적인 행위인 무고에서도 부적을 사용했다. 무당이나 술사는 저주를 할 목적으로 무고를 행했다.

재작년 10월 어느 날 저녁밥을 먹고 난 후에 박도창이 그 첩의 집에 들어왔기에 이 몸도 또한 따라갔는데, 송내성이 행담行擔 속에 있는 인두골人頭骨·호골狐骨·묘골猫骨 가루를 담은 종이 주머니를 박도창의 첩에게 전해주니 박도창이 돈 열 네 냥을 건네주었습니다. 박도창의 첩이 나인이라 핑계대고서 황혼 무렵에 이 몸과 함께 대궐에 들어가 한 곳에 당도하니, 한 나인이 있어 서로 귀를 맞대고 자세히 이야기를 하였습니다. 박도창의 첩은 품안에서 뼛가루를 내어 주었으며 이 몸은 바지 속에서 두골頭骨을 내어 주니, 나인과 박도창의 첩이 식도食刀로써 땅을 파고 정 선달이 써서 준 붉은 부적과 아울러 주문을 만들어 묻으면서 말하기를, "이 부적은 방위를 바꾸어 묻으면 안 된다"고 운운하였습니다. 이 몸이 박도창의 첩과 더불어 대궐 안에서 이틀을 머물러 있다가 나왔으며, 앞뒤에 무릇 네 차례 대궐에 들어갔는데, 조용한 때에는 번번이 뼛가루를 가지고 대궐의 역내城內에 두루 묻었고 혹은 음식물에도 섞었으며, 매흉埋凶할 때에 살펴본즉 나인은 나이 30여 세요, 성은 박씨이며 상궁이라고 일컬었습니다. 박도창이 항상 말하기를, "이 일이 만약 이루어진다면 너도 또한 크게 귀하게 될 것이니 네 부모의 분묘墳墓도 또한 영화로울 것이다. 우리들이 미워하는 자가 모두 죽고 나라 일이 변혁되면 상놈도 또한 양반이 될 수 있다. 이 말을 누설하지 말라."고 운운하였습니다 (『영조실록』 권26, 6년 5월 3일 경오 조)

홍술해의 아내가 과연 감정을 시켜 신의 아내를 만나러 왔었는데, 그의 지아비가 귀양 간 것을 들어 기필코 도승지都承旨에게 앙갚음하려고 했기에, 부적을 써서 그가 드나드는 길에 묻었고, 또한 주사로 화상 둘을 그리어 그 위에다 화살을 얽어 맸는데, 하나는 도승지를 뜻하고 하나는 감히 말할 수 없는 자리를 뜻한 것이었습니다. 또한 궁인宮人 중에 김수대金壽大의 절족切族인 사람을 유인하여 뇌물을 주고 흉계凶計를 부리려고 했었습니다. 무릇 이와 같은 짓을 하였음은 한결같이 감정이 말한 그대로입니다.(『정조실록』 권3, 1년 8월 11일 갑진 조)

부적을 그리고 더러는 귀신을 그리며 더러는 허수아비를 만들게 하였고, 또한 주사로 국왕의 화상을 그리고 화살을 매달아 묻으며 "홍술해를 위해 원수 갚아 달라"고 하였습니다.(『정조실록』 권5, 2년 2월 27일 무오 조)

문양해文洋海는 여우와 이리처럼 교활하고 물귀신같이 흉악한 자로서, 신령스럽고 기이하다는 칭호를 얻으려고 일부러 적석산赤石山 속에 종적을 감추고 신선을 따라서 논다고 핑계대고, 이르기를 "백원白圓에게서 명을 받고 꿈속에 관노奴와 학노鶴奴를 자주 보낸다"라고 하면서 문득 신통한 계제階梯라고 일컬으면서, 웅정熊精·녹정鹿精과 서로 만나서 세상을 현혹하는 수단으로 삼았다. 윤리가 없어지는 것을 달갑게 여기고, 그의 행동하는 것이 괴이하여 나이 서른 살에 장가를 들지 못하여 가정도 이루지 못하고, 참언讖言을 전하고 부적을 쓰는 것을 일삼아서 천만 가지 방법으로 사람들을 선동하였던 것이다.(『정조실록』 권19, 9년 4월 14일 계사 조)

첫 번째 내용은 영조대에 반역의 무리인 박도창이 왕실 여러 곳에 부적과 인두골·호골·묘골의 뼛가루를 식도를 이용하여 땅을 파 묻었다는 내용이다. 이때 사용된 부적은 붉은색으로 쓴 것이었다.

두 번째는 정조 원년(1776)에 황해도 관찰사로 재직 중에 장전臟錢 4만 냥, 조租 2,500석, 송목松木 260주株를 사취한 사실이 드러나 흑산도에 위리안치圍籬安置, 죄인이 달아나지 못하도록 가시로 울타리를 만들고 그 안에 가두어 둠된 홍술해와 관련된 내용이다. 홍술해의 부인이 그의 지아비가 귀양간 것을 들어 앙갚음을 하기 위해 도승지가 드나드는 길에 부적을 써서 묻고, 주사로 화상 둘을 그리어 그 위에 화살을 얽어맸다. 이것 역시 무고巫蠱로, 부적이 사용되었다.

세 번째는 두 번째와 마찬가지로 홍술해 부인의 무고행위다. 그녀는 무당으로 하여금 부적과 더불어 귀신을 그리거나 허수아비를 만들거나 혹은 주사로 국왕의 화상을 그려 화살을 매달았다. 네 번째는 술사 문양해에 관한 이야기다.

이들 무고는 왕실과 관련한 것으로 역모의 일환으로 이용되었는데, 부적을 기본으로 하여 각기 다른 도구들을 사용했다. 함께 사용한 도구를 기준으로 a. 부적과 화상畵像, b. 부적과 주문, c. 부적, 주문, 화살, 주사朱砂, d. 참언과 부적 등으로 구분할 수 있다. 어떠한 것을 가지고 무고를 하려 했든지 간에 무고에 가장 많이 등장하는 것이 바로 부적이다. 부적을 빼 놓고는 무고가 성립되지 않듯이 부적은 다양하게 사용되었다. 그러므로 이 시기에 부적은 무고에 있어 기본적인 도구였다고 할 수 있다. 부적은 대부분 땅에 묻는데, 이때 부적을 묻을 땅을 파는 도구로 식도를 이용했다. 식도는 물건을 자르는 데 이용되는 대표적인 도구로, 오늘날 민속현상에서 부정한 것을 물리치거나 잡된 것을 몰아낼 때에 사용한다. 이러한 도구를 사용했다는 것은 결국 보다 강력한 의지를 드러내기 위한 것이라 하겠다.

불교 부적

사찰에서도 부적을 많이 사용하였다. 그 흔적으로는 1694년에 발간된 『의례집儀禮集』과 1882년 해인사 도솔암에서 간행된 『승가일용식시묵언작법僧家日用食時默言作法』, 1777년 만연사에서 간행된 『진언집』, 1800년에 망월사에서 중간된 『진언집』 등에서 찾아볼 수 있다. 사찰에서 부적을 사용한 것과 달리 불경에 부적이 수록되어 있는 것은 불교와 부적간의 관계를 살필 수 있는 좋은 자료가 된다.

진언집眞言集과 부적　불교에는 경문과 더불어 밀교의 영향을 받은 진언眞言을 기록한 진언집이 전한다. 진언집은 불경 가운데 진언을 한글·한문·범자梵字의 순으로 병기한 책이다. 이들 책자의 일부에 부적이 삽입되어 있다. 확인할 수 있는 것으로는 1777년판과 1800년판이 있다. 먼저 1777년판의 『진언집』에 수록된 24가지의 부적을 소개하면 다음과 같다.

●화합부 외 3종

　　　　善神守護符　救産符　避熱符

●탑다라니 외 3종

　　　當得見佛　當生淨土　諸神能滅

●삼광백령뇌전불침부 외 8종

　　　三光百靈雷電不侵　自然遠椎三災

　　　見君密護　能避爭訟　爲貴人念

　　　産女胎血能出　能産印朱書呑之卽出

　　　大招官職　疾病消除增補壽

●소망성취부 외 8종

　　　所望成就　滅罪成佛果　金銀自來富貴　破地獄生佛土　鬼神不侵

　　　宅內百神不侵　萬劫不受生死　夫婦子孫和合長壽　破地獄往生佛土

다음은 1800년에 망월사에서 중간한 『진언집』의 부적에 소개된 부적의 종류이다.[68]

●화합부

　　　避熱符　救産符　善神守護

●다라니경

　　　當得見佛　當生淨土　諸罪能滅

●소망성취부

　　　所望成就　滅罪成佛果　金銀自來富貴　破地獄生佛土

　　　鬼神不侵　宅內百神不侵　萬劫不受生死　夫婦子孫和合長壽

　　1800년에 중간된 망월사 『진언집』의 부적은 1777년의 『진언집』의 부적과 그 내용과 형태에 있어 매우 유사하다. 소망성취부의 경우 일곱 번째의 부적의 명칭이 소개되어 있지 않은 것까지 유사한데, 이것은 이전에 사용하던 것을 수정하지 않고 수록하

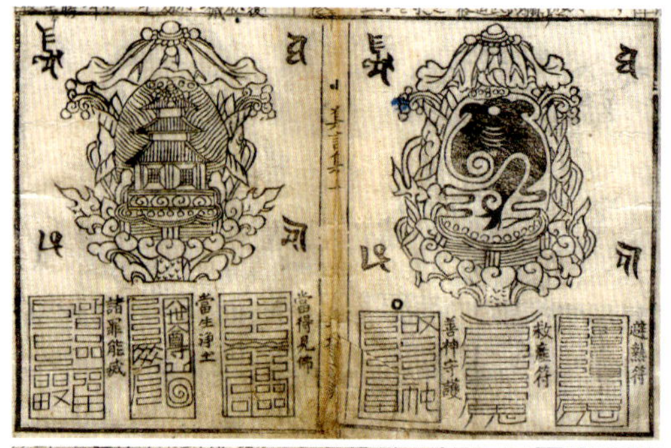

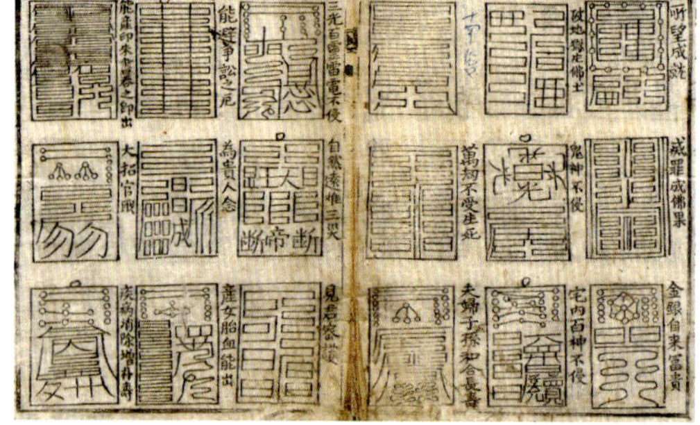

만연사 『진언집』의 부적
치악산 명주사 고판화박물관 소장

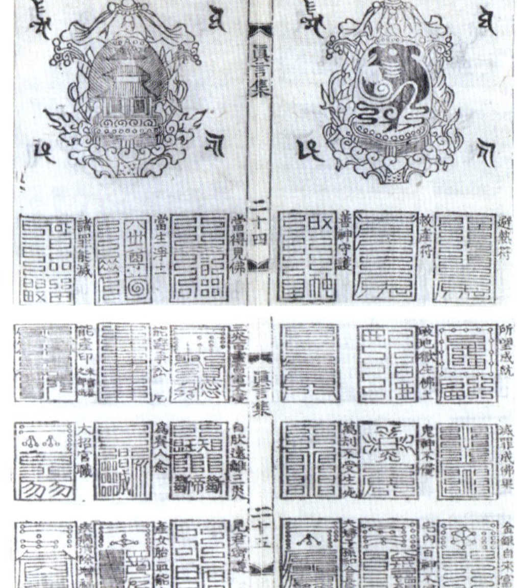

망월사 『진언집』의 부적
고려대학교박물관 소장

였음을 짐작게 한다. 즉 불교 진언집의 부적은 전래되어 일정 기간 동안은 유사하게 사용되었던 것으로 보인다.

화합부와 함께 수록된 부적으로는 선신수호부, 구산부, 피열부가 있다. 이들 부적의 내용으로 보아 실생활에서 필요한 부적임을 알 수 있다. 아이를 낳는 것이나 열병으로부터 보호하고자 하는 것 등은 기본적인 벽사부의 하나이다.

삼광백령뇌전불침부와 함께 수록된 부적은 삼광백령뇌전불침, 자연원이삼재, 견군밀호, 능피쟁송, 위귀인념, 산녀태혈능출, 능산인주서탄지즉출, 대초관직, 질병소재증보수이다. 산녀태혈능출이나 능산인주서탄지즉출 등은 산모의 안전과 관련되며, 질병소재증보수는 질병부이고, 능피쟁송, 대초관직, 위귀인념 등은 일생의 중요한 고비와 관련된 부적이다. 자연원이추삼재나 삼광백령뇌전불침은 귀신불침부와 유사한 성격의 부적으로 볼 수 있다. 이들 부적은 여전히 생활상의 문제를 포괄한다.

하지만 탑다라니와 함께 수록된 부적은 불교 부적답게 당득견불, 당생정토, 제죄능멸로 신앙적인 성향을 담고 있다. 불교의 부적이 지향하는 바를 가장 잘 드러낸 부적이라 하겠다.

소망성취부와 함께 수록된 부적은 벽사부라고 하기보다는 길상부에 속한다. 이러한 예로 소망성취, 멸죄성불과, 금은자래부귀, 파지옥생불토, 귀신불침, 택내백신불침, 만겁불수생사, 부부자손화합장수 등이 있다. 이 부적 역시 불교 부적과 일상생활의 부적이 혼재되어 있다.

연화탑상 다라니부에는 당득견불, 당생정토, 제죄능멸, 선신수호, 귀신불침, 소망성취 등이 함께 수록되어 있다. 이것은 불교적인 내용이 중심이 되고, 기본이 되는 일상생활 부적이 병기된 느낌이다.

이처럼 불교의 진언집에 수록된 부적이라고 하지만, 그 내용에 있어서는 불교적이기보다는 일상생활의 문제와 관련한 부적을 보다 많이 수록하고 있다. 이는 불교의 민간신앙화 차원에서 살필 수 있을 것이다. 어느 종교이든지간에 주술적인 요소를 지니지 않을 수 없기 때문이다. 그렇다고 하더라도 이들 부적의 내용은 불교의 근본 교리

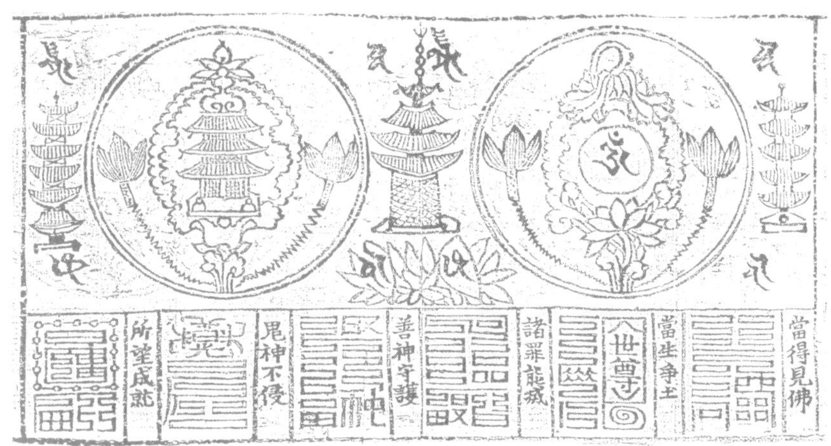

연화탑상 다라니부 김종대 중앙대학교 교수 제공

보다는 당시에 필요한 내용을 더 충실히 담아내고 있다고 하겠다.

의례집儀禮集**과 부적**　불교 의례를 수록한 의례집에도 부적이 수록되어 있다. 1694년(숙종 20년)에 금구(김제) 모악산 금산사金山寺에서 개간한 『의례집』과 1882년 해인사 도솔암에서 간행된 『승가일용식시묵언작법僧家日用食時默言作法』[69]에 부적이 있다. 전자는 사찰의 제반 의식을 모은 책이고, 후자는 공양을 할 때에 행하는 상용의례를 수록한 책이다. 매우 일상적인 의례의 순서를 담고 있는 의례집에도 부적이 수록되어 있다는 것은 부적의 사용이 나름대로 일상적인 수준에서 이루졌음을 의미한다.

금산사의 『의례집』에는 각종 불공 때 사용되는 염불이 수록되어 있는데, 그중 칠성청七星請의 내용과 왕생정토往生淨土와 더불어 부적이 소개되어 있다. 칠성청은 칠성 불공을 올릴 때에 칠성신을 청하는 법문인데, 불공의 마지막 부분에 칠성부적이 수록되어 있다. 칠성부적은 북두칠성의 각각의 별마다 부적을 적어 놓은 것을 말한다. 일곱 개의 별자리, 즉 탐랑성貪狼星, 거문성巨門星, 녹존성祿存星, 문곡성文曲星, 염정성廉貞星,

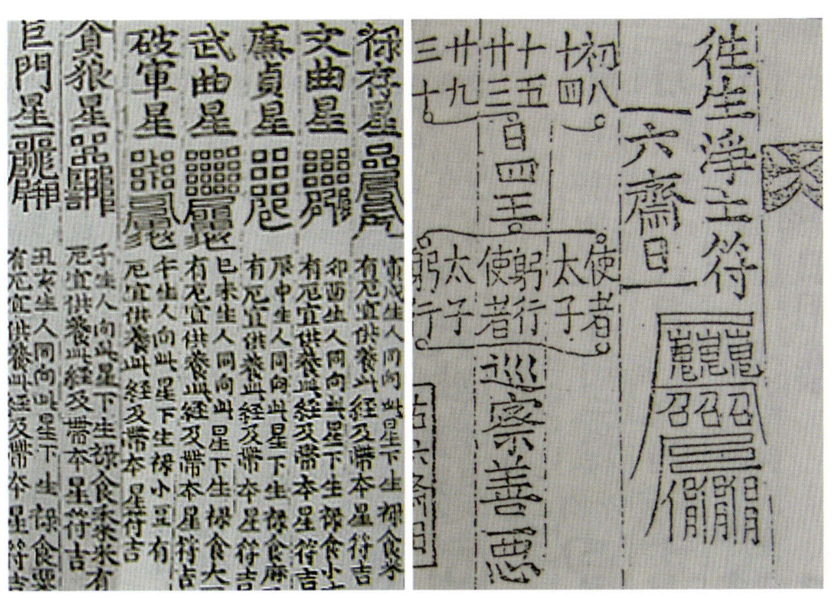

김제 모악산 금산사에서 개간한 『의례집』에 수록된 칠성부(왼쪽), 왕생정토부(오른쪽)

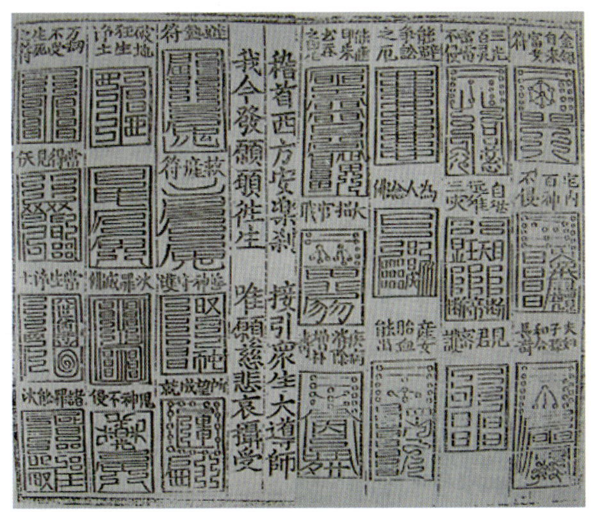

『승가일용식시묵언작법』에 수록된 부적

무곡성武曲星, 파군성破軍星 등이다. 이들 별자리마다 각기 별자리에 해당되는 사람들의 길흉을 적어 놓았다. 그리고 해당 부적을 사용하면 길하다는 내용도 적혀있다.

한편 왕생정토는 죽은 자가 극락왕생하기를 바라는 마음에서 베푸는 의식인데, 이 역시 경문의 마지막에 부적이 소개되어 있다. 부적 위에 왕생정토 육재일住生淨土 六齋日 이라 씌어져 있는 것으로 보아 해당일에 사용한 것이라고 볼 수 있다.

『승가일용식시묵언작법』에 수록된 부적은 그 종류가 매우 다양하다. 피열부避熱符, 구산부求産符, 선신수호善神守護, 소망성취所望成就, 파지옥생정토破地獄生淨土, 파지옥왕생정 토破地獄往生淨土, 멸죄성불滅罪成佛, 귀신불침鬼神不侵, 만겁불수생사지부萬劫不受生死之符, 당득 견불當得見佛, 당생정토當生淨土, 제죄능멸諸罪能滅, 금은자래부귀부金銀自來富貴, 택내백신불 침宅內百神不侵, 부부자녀화합장수夫婦子孫和合長壽, 삼광백령뇌전불침三光百靈電雷不侵, 자연원 이삼재自然遠離三制災, 견군밀호見君密護능피쟁송지액能避爭訟之厄, 위인염불爲人念佛, 산여태혈 능출産女胎血能出, 능산인주서탄지즉출能産印朱書吞之卽出, 대초관직大招官職, 질병소재증보수 疾病消除增補壽 등이다.

이들 부적은 위에서 언급한 『진언집』과 팔만대장경의 부적과 일치한다. 그러나 『진언집』에는 위의 부적이 각기 나뉘어 있었으나, 『의례집』에는 구분 없이 일렬로 배 치되어 있다. 부적을 종류별로 구분하지 않고 나열하고 있는 것은 부적의 종류만을 언 급한 것으로 볼 수 있다.

이러한 부적들을 현재 사찰에서는 사용하지 않는다. 관련 의식문은 그대로 사용하 지만, 부적은 전혀 사용하지 않는다. 그러나 불교 의례집에 부적이 수록되어 있다는 것은 과거에는 의식과 관련된 부적도 있었음을 짐작하게 한다. 그렇다면 사찰에서 사 용된 부적은 그간에 알려진 신자들의 수요와 관련된 것 외에 불교 의식을 행하는 수단 으로 이용되었다고 하겠다. 그러나 이들 부적이 칠성청과 왕생정토와 관련되어 있다 는 것은 부적의 사용이 순수 불교적인 모습에서 벗어나 있다고 할 수 있다. 칠성은 주 지하다시피 도교계 신령으로 훗날 불교에 차용된 신령이므로 이러한 신령을 청배하 는 칠성청에 사용된 부적은 순수 불교적인 의례와 무관할 수도 있기 때문이다. 그러나

의례집이 1694년과 1882년의 것이므로, 당시에는 부적과 칠성과 불교가 일체되어 있었다고 할 수 있다. 따라서 비록 일부이기는 하지만 부적이 불교에서도 중요한 수단이었다고 하겠다.

신수대장경新脩大藏經**과 부적**　신수대장경은 팔만대장경과 지금까지 간행된 대장경을 바탕으로 1924년부터 1934년까지 10여 년에 걸쳐 제작된 일본의 대장경을 말한다. 신수대장경에는 예적금강경과 불설북두칠성연명경이 부적과 함께 수록되어 있다. 예적금강경은 불경이고 불설북두칠성연명경은 도교[70]에 그 근원을 두고 있다. 하지만 이 두 경이 함께 신수대장경 안에 수록되어 있다. 또한 신수대장경의 모태인 팔만대장경에도 예적금강경이 수록되어 있는 것을 확인한 바 있다.

- 예적금강경과 46개의 부적
- 불설북두칠성연명경佛說北斗七星延命經과 7개의 부적

한편, 『소재길상불경보감消災吉祥佛經寶鑑』[71]에는 옥추영부와 옥추보경에 수록되어 있는 15가지 부적을 포함하여 16가지 부적이 실려 있고 대성북두연명경大聖北斗延命經과 7개의 부적이 실려 있다. 이 부적들은 도교적 성향이 짙은데 다라니 불교 부적과 함께 수록되어 있었다. 고려 예종 때 중국 송에서 유입된 도교는 불교, 유교, 그리고 재래토착신앙과 융합되어 고려 특유의 만신전萬神殿을 이루었다.

목판과 부적　사찰에서는 부적을 일일이 그릴 수 없으므로 목판을 만들어 부적을 찍어내었다. 이는 부적의 사용이 얼마나 빈번했는지 보여준다. 18세기 이전에 사찰은 인쇄술을 지닌 대표적인 공간이었으므로, 사찰에서는 부적을 인쇄할 수 있었다. 이들 부적은 대부분 신도들의 필요에 의한 것이었고, 목판으로 인쇄해서 보급해야 할 만큼 부적의 수요가 많았음을 의미한다. 많은 부적을 만들었겠지만 지금까지 전해지는 것

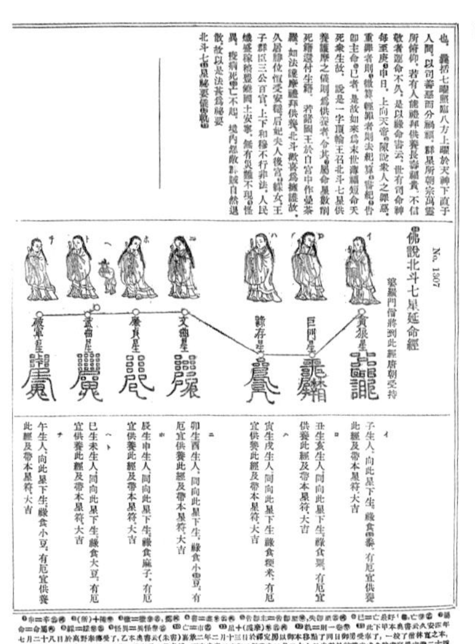

불설북두칠성연명경의 경과 부적 신수대장경, 동국대학교도서관 소장

예적금강경의 경과 부적 신수대장경, 동국대학교도서관 소장

은 다음과 같다.72)

앞에서도 언급했듯이 팔만대장경 목록에 수록된 24개의 부적을 비롯하여, 대불정여래 진언다라니판에도 6개의 부적이 수록되어 있다. 세트로 제작된 부적 외에도 개별적으로 목판에 새긴 것도 다수 존재한다. 금난장禁亂將, 삼재소멸부三災消滅符, 명부전판冥府錢版, 염병부染病符, 도깨비 쫓는 부적, 만겁불수생사부萬劫不受生死符, 피구설부避口舌腐 등이 그것이다.73)

목판부적 중 재액과 관련한 것의 대표적인 것은 금난장禁亂將이다. 호랑이를 중앙에 두고 윗면에는 대길大吉을 그 옆에는 금金 자를 넣고, 아래에는 금난장이라 써 놓았다. 호랑이의 강력한 힘을 빌어 액을 쫓고 복을 초치하려는 의도에서 만들어진 것이라 하겠다. 또한 윤열수 가회박물관장에 의하면 목판부적은 순수 민간신앙과 전통 공예목각 기능이 어우러져 만들어낸 작품으로도 의미가 있다.

삼재소멸부三災消滅符는 삼두일족응三頭一足鷹이라 하여 오늘날 삼재부로 사용되는 것과 동일하다. 세 마리의 매 중 두 마리는 앞을 바라보고, 나머지 한 마리는 반대쪽을 바라보고 있다. 눈을 동그랗게 치켜뜨고 사방에서 들어오는 삼재를 막고자 하는 의지가 강력해 보인다. 매서운 발톱도 하나는 치켜들어 금방이라도 싸움을 걸 듯하다. 날개 역시 금방이라도 치고 올라갈듯 허공으로 치솟아 있다. 금방이라도 삼재를 향해 돌진할 듯한 형상으로 삼재를 막고자 한 것이다. 반면에 삼재부적 목판에서 보이듯 세 마리의 매가 각기 겹쳐 있는데 이것 역시 삼재를 상징하는 세 마리의 매로 구성된다. 매는 각기 입에 무엇인가를 물고 있다. 세 마리가 한 개씩 물고 있는 것으로 보아 삼재의 원인이 되는 것을 상징하는 것으로 추정된다. 그리고 매 양쪽에는 글자로 이루어진 부적이 추가되어 있다. 부적과 매가 함께 어우러져 보다 강력한 종교적 효과를 낼 수 있도록 하기 위해 마련된 목판이라 할 수 있다.

염병부는 말 그대로 염병을 막고자 할 때에 사용하는 부적이며, 도깨비 부적은 귀신을 쫓을 때 사용하는 부적이다. 피구설부는 구설을 피하고자 하는 부적이다. 이처럼 염병, 도깨비, 구설, 삼재는 가장 대표적인 재액으로 간주되었던 것이다. 이러한 재

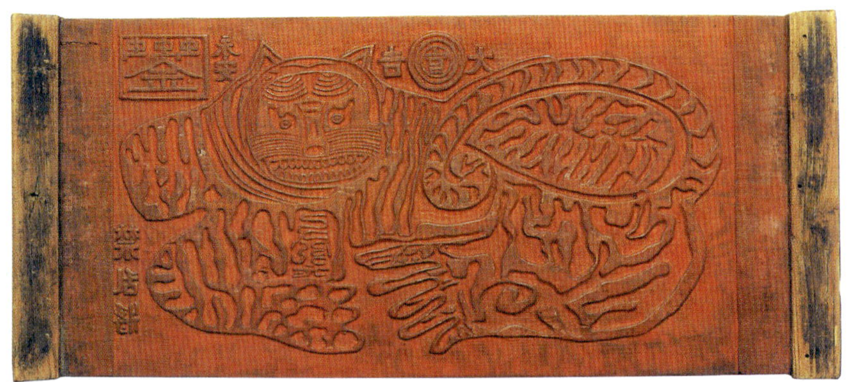

금난장 부적 목판 1774, 영남대학교박물관 소장

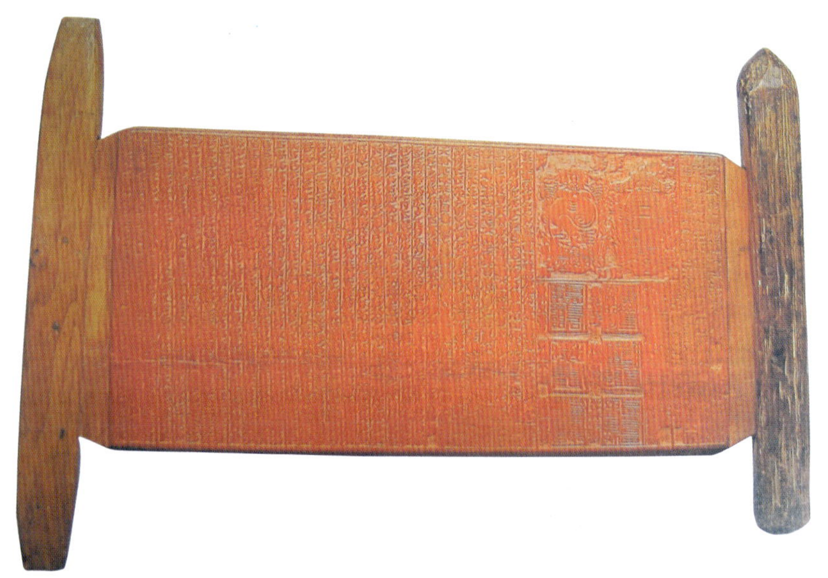

대불정여래진언다라니판 조선후기, 영남대학교박물관 소장

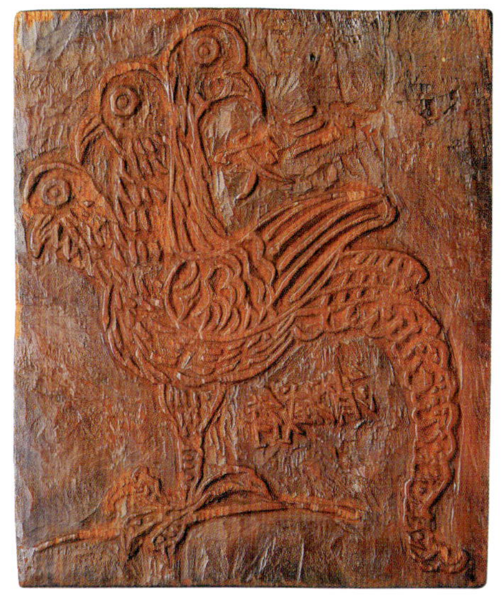

삼재소멸부 조선후기, 영남대학교박물관 소장

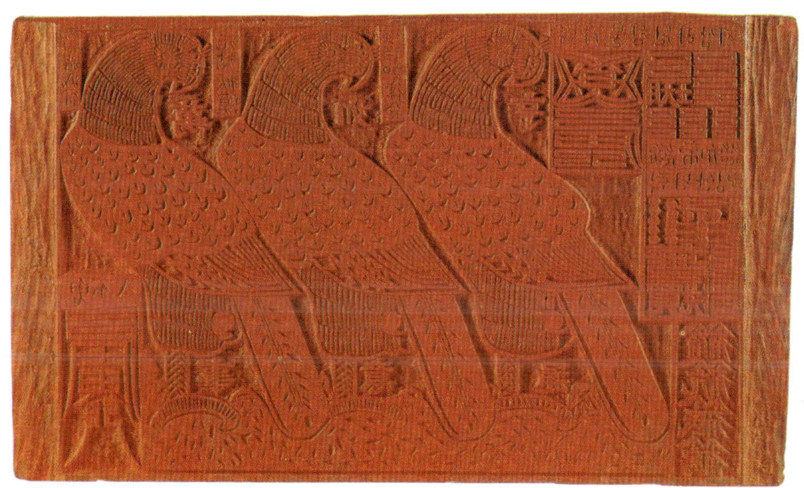

삼재부적 목판

액이 추방된다면 마땅히 대길하게 되니 금난장의 대길과 재부를 상징하는 금金은 그러한 의미에서 사용된 것이라 여겨진다.

여러 개의 부적을 하나의 목판에 새긴 종합부에는 소원성취대길부所願成就大吉符라 하여 무곡부武曲符, 문곡부文曲符, 염정부廉貞符, 거문부巨門符 등의 칠성부와 뇌불검雷不劍, 수불受拂, 멸죄滅罪 등의 추가 부적이 수록되어 있다. 칠성은 일반적으로 아이를 돌보아 주는 신령으로 이해되므로, 칠성부는 그러한 의미에서 사용한 것으로 생각된다.

동학東學과 부적

동학이 창시된 19세기는 정치·사회·경제적 불안, 종교·사상적 위기 등 이루 헤아릴 수 없이 많은 문제를 지닌 어려운 상황이었다.

이와 같이 격심한 사회 변화와 가치 변동에 따른 새로운 의미의 추구, 사회 불안에서 오는 안심입명安心立命의 요구, 생활난과 병고를 타개하기 위한 주술적 동기 등이 복합적으로 작용하여 새로운 민족 종교가 등장하였다. 그 대표적인 종단이 바로 서학西學과 양반의 종교가 아닌 백성의 종교로써 탄생한 동학이다.

동학의 창시자 최제우는 신비체험을 통해 동학을 창시했다. 최제우는 신비체험을 하는 동안 신령으로부터 부적을 받았는데, 이것이 바로 영부靈符, 태극부太極符 또는 궁을부弓乙符라고도 함이다. 최제우가 쓴 동학 경전인 『동경대전東經大全』의 포덕문布德文에 이와 관련한 내용이 담겨있다.[74]

뜻밖에도 4월에 마음과 간담이 서늘해지고 몸이 떨렸다. 병이라 해도 무슨 병인지 알 수 없고, 말하려 해도 말을 이룰 수 없었다. 어느 순간 갑자기 선어仙語가 들려 놀라 일어나 탐문하니, "무서워 말고 두려워 말라. 세상 사람들은 나를 상제上帝라 부른다. 너는 상제를 몰라보느냐?" 라고 말씀하셨다. 다시 그 까닭을 물으니 "나 역시 일한 보람이 없었다. 그래서 너를 세상에 나게 하여 사람들에게 이 법을 가르치게 하려 하니 내 말을 의심치 말지어다" 하고 대답하였다. "그러면 서도西道로써 사람들을 가르칠까요?" 하니, "그렇지 않다. 나에게 영부가 있으니 그 이름은 선약仙藥이고, 그 형체는 태극太極과 같고 궁궁弓弓과 같기도 하다. 이 영부를 받아 사람의 질병을 고치고 나의 이 주문을 받아 사람들이 나를 위하도록 가르치라. 그러면 너는 장생하며 천하에 덕을 펼칠 것이니라" 하였다.

위의 내용에서처럼 최제우는 상제로부터 부적과 주문을 받았다. 부적은 병자를 고치는 영부이고, 주문은 상제를 받드는 주언이다. 최제우의 영부는 벽병부인 셈이다. 이것이 어떻게 총알을 피하는 부적으로 사용되었는지는 알 수 없지만,[75] 최제우는 영부를 작성할 수 있는 사람이었으므로 벽병부로 사용된 부적 역시 그의 창작물일 가능성이 농후하다. 오늘날 무당들이 말하는 영부 역시 자신의 몸주와의 영적인 교감에 의해 받은 영부이므로 동일한 차원에서 이해될 수 있다.

최제우가 쓴 포교가사집인 『용담유사龍譚遺祠』에는 실제 최제우가 신의 계시를 받아 부적을 태워 마셨는데, 7~8개월 동안 몸의 상태가 매우 좋았다는 내용이 실려있다. 또한 『고종실록』에도 효험을 본 최제우가 병에 걸린 사람들에게 상제에게서 받은 궁弓 자를 종이에 써 주고 그것을 태워 마시게 했더니 병이 나았다는 기록이 남아있다.

이밖에도 『수운행록』은 다음과 같은 이야기를 전한다. 최제우가 관가에 붙잡혔다가 석방된 후의 일이다. 관청으로부터 사람이 와서 "사또 부인께서 병에 걸렸습니다. 선생은 약을 쓰지 않고도 병을 고칠 수 있다고 하시니, 부도符圖 한 장을 주셨으면 합니다"라고 하였다. 이는 부적이 병에 효험이 있음을 증명하는 자료이다.

병을 고치는 것 외에도 동학군이 관군과 대치할 때에 이 궁 자 부적을 사용하도록 하였다고 한다. 열악한 상황에서 막강한 관군과 대치해야 했으므로 종교적인 힘으로나마 그 상황을 극복하기 위해 부적을 사용한 것이다. 재난을 피할 수 있는 장소인 궁궁을 부적으로 만들어 태워 마심으로써 재난을 피할 수 있다고 생각한 것이다.

이처럼 최제우의 신비체험을 통해 탄생한 영부는 동학이 흥기했던 시대의 문제점을 나름대로 극복하기 위해 마련된 것이라 하겠다. 그 효과는 차치하더라도 서양의 침입과 관군의 억압으로부터 탈출구를 찾던 동학교도들에게는 자신들을 서양세력으로부터, 병으로부터, 국가로부터 보호할 수 있는 구세주와 같은 존재로 간주되었을 것이다. 최제우의 영험과 함께 등장하는 영부는 기본적으로는 벽병부이지만, 다양한 상황 속에서 실생활의 어려움을 극복하는 하나의 수단으로 확대되었다. 이 시기의 부적은 결국 하나의 기능을 하는 것이라기보다는 사용하는 사람의 의지와 관련하여 다양한 용도로 활용되었다고 할 수 있다.

기타 부적 : 일본에서 전해지는 한글 부적

최근에 일본에서 보관된 한글로 만들어진 부적이 소개되었다. 하나는 시코쿠 도쿠시마시 야마시로라는 마을에 있는 것으로 신사와 집집마다 이 지역의 토속신인 '에비스ェビス'를 섬기고 찬양하자는 내용이 담긴 한글 부적이다. 그리고 다른 하나는 시마네 현의 일본인 미우라 씨의 집에 오래전부터 전해 내려오는 두 개의 부적이다.

전자는 야마시로 마을 주민들이 에비스신 축제와 경조사 때 에비스신이 직접 적어 줬다는 이 부적을 일본어로 낭독하고 있는데, 이들은 한글로도 읽을 수 있다고 한다. 주민들은 특히 115페이지 분량의 '계시록'을 갖고 있는데 이 계시록의 제목도 '가이 ㅣㅏ아(카미야마, 神山)의 계시록'이라 적혀 있다. 이 계시록에는 생활법규와 신의 계시 등을 담고 있어 주민들은 기독교의 성경처럼 여긴다고 한다. 이 지역 외에도 오카야마 비전시 가가도와 후쿠오카 히에 신사, 나고야 신사, 관서지방의 한 역사자료관 등에도 토속신은 다르지만 이들 신을 찬양하는 한글 부적을 붙여놓고 있거나 보관하고 있다. 일본학자들은 이 부적이 고대사회부터 전해 내려오는 것이라고 주장하고 있으나, 이것은 1600년대 조선통신사가 전한 후부터 지금까지 전래되고 있는 것으로 추정된다고 한다.[76]

후자 역시 한글로 된 부적으로 하나는 나무 부적이고, 다른 하나는 종이 부적이다. 나무 부적의 앞면에는 하찌만 신사八車番神社라고 적혀있고, 한글 문자는 그 뒷면에 적혀있다. 한편 종이 부적은 두 겹으로 싸여있고, 바깥쪽에는 나무 부적과 똑같이 하찌

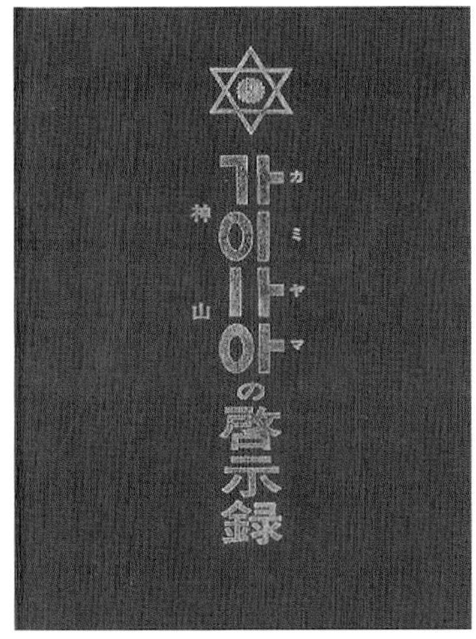

일본 야마시로 주민들에 의해 전해지고
있는 한글 부적

만 신사라고 적혀있으며, 그 안에 한글 문자가 적혀있다. 부적에 쓰인 경응慶應 5년이
란 기년으로 보아 1868년에 제작된 것으로 추정된다. 나무 부적에는 검은 먹으로 '도
승ㅜ가미어미가미' 라는 문자가 씌어있고, 종이 부적에는 'ㅇㅜ승ㅗ승ㅜㅅㅜㄴ아ㅇㅗ
ㅇㄴ가미' 라고 씌어있다. 이 문자들은 한글을 모델로 삼은 한글형 일본의 신대문자였
다.

한글형 신대문자의 일람표를 근거로 부적에 씌어진 문자를 읽어보면, 나무 부적의
것은 '토호카미에미타메' 로, 그리고 종이 부적의 것은 '우부스나오오가미' 로 읽을
수 있다. 이 말은 종교적인 주문이었고, 일본의 신 이름이다. '토호가미' 는 천지의 신
인 아마테라스를, '에미타매' 는 천지신의 백성을 의미한다. 또한 '우부스나 오오가
미' 는 흔히 토지의 신으로서 자신의 지역에서 태어난 사람을 보호해 주는 신이면서
또한 산모와 아이를 보호해주는 신이기도 하다. 이렇듯 생명의 탄생을 관장하고, 일
생을 지켜주는 수호신의 이름을 시마네 현의 하찌만 신사는 한글에서 파생된 신대문
자로 표기한 것이다.[77]

　　이처럼 한글로 쓰인 부적이 일본 내에 존재한다는 것은 부적의 사용이나 제작이 한국인과 연관이 있음을 시사한다(특히 야마시로의 부적은 1600년대 조선통신사가 전한 한글이 지금까지 전래된 것으로 추정되기도 한다. 그러나 보다 중요한 것은 한글이 전래된 시기가 아니라 왜 그것이 신사나 마을의 부적에 사용되었는가이다). 명확히는 알 수 없지만 한국인이나 한국의 부적 문화가 일정한 영향을 주었다고 생각해볼 수 있다. 특히 일본 신령의 이름을 소리나는 대로 한글로 표기했다는 것은 일본의 문화를 한국어로 표현하는 과정의 산물이라 하겠다. 또한 한글로 굳이 부적을 만들었다는 것에서 부적에 대한 열망이 얼마나 강했는지를 짐작할 수 있다.

근현대의 부적

근현대에 이르러서도 부적의 쓰임은 여전히 다양했다. 이때는 구체적인 실물이 확인되는 시기로, 부적의 실체에 접근하기에 용이하다. 특히 일제 강점기에 편찬된 일부 책자에는 다양한 부적이 소개되어 있다. 실생활과 관련한 부적도 있지만 대부분의 부적이 질병과 관련되어 있다. 이것은 질병의 원인을 잘 알지 못했던 탓에, 근대에 이르기까지 귀신이 주는 것으로 생각하고 있었던 것과 무관하지 않다. 조선시대까지도 무당이나 승려에게 질병을 고치는 의무醫巫의 역할이 있었던 것을 감안한다면 여전히 질병은 인간에게는 극복되지 않은 장벽이었을 것이다. 따라서 그것을 극복하기 위해 주술적인 도구가 필요했을 것이다. 특히 조선시대에는 유교가 생활의 규범으로써의 역할에 충실했기 때문에 질병과 같은 특수 영역에서는 일정 부분 부적이 존재할 수 있었을 것이다.

한편 일제 강점기를 거치면서 한국적인 관습을 미신迷信이라 하여 타파의 대상으로 간주했다. 많은 민간신앙이 이 시기에 타파되어 모습을 감추었지만, 부적은 오히려 이러한 상황에서 다양한 모습으로 변모하였다. 신흥종교에서 부적을 포교의 수단이자 경전의 한 유형으로 이용하기도 하였고, 사찰에서는 보다 많은 대중과의 접촉면을 갖는 수단으로 이용하기도 하였다. 오히려 민간신앙의 쇠퇴와는 반대로 부적의 사용은 늘고 있다. 일부에서는 부적은 동양적인 코드라고 하여 상품화를 추진하기도 한다.

종교와 부적

신흥 종교 부적

근대로 접어들게 되면서 다양한 종교가 새롭게 형성되었다. 일명 신흥 종교라고 하여 민족 종교의 성향을 지닌 종교들이 대거 등장했는데, 이때 이들이 종교적인 도

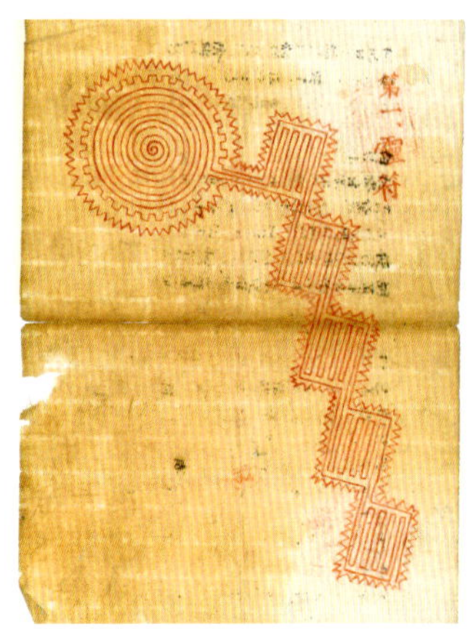

천도교의 영부 가회박물관 소장

구로 주로 사용한 것이 부적이다. 천도교와 증산교가 대표적인 신흥 종교로 이들을 대상으로 부적의 사용을 살펴보도록 하겠다.

천도교 영부 손병희가 동학을 개칭하며 이끈 천도교는 동학의 교주 최제우가 만든 영부를 지속적으로 사용하였다. 최제우의 영부와 주문은 천도교 포교에 중요한 방편으로 사용되었는데 영부를 불에 태우고 거기서 남은 재를 물에 타서 그를 따르는 병자들에게 마시게 하였다. 이 때 그 잿물을 먹은 병자들은 병이 낫기도 하였다. 또한 주문을 수도자에게 외우게 함으로써 강신降神·개안開眼·통영通靈 등과 같은 신비를 체험하게 하였다. 최제우의 부적을 통한 치료법과 그 자신에 얽힌 여러 가지의 기행이적奇行異跡들이 그것을 체험한 병자나 수도자들에 의해 널리 알려지게 되었다. 이러한 소문을 들은 다른 병자들과 구도자들이 그와 같은 사실을 체험하기 위해 그의 집으로 모여들어 문전성시를 이루었다.[78]

위의 사실을 볼 때, 동학과 맥을 같이하는 천도교가 민중들과의 밀접한 관련 속에서 그들의 어려움과 고통을 해결해주는 차원에서 부적을 사용했음을 추측해 볼 수 있다.

증산교의 부적 천도교와 더불어 신흥 종교의 양대 지주인 증산교는 동학의 맥을 전승하고 있는 또 하나의 신흥 종교이다. 초대 교주 강일순1871~1909의 신명神名을 '구천응원뢰성보화천존九天應元雷聲普化天尊'으로 정하고, 증산교는 주로 현무경을 경전으로 사용하였다. 교단의 의식은 송주(주문을 외우고), 소부(부적을 태우는 의식)를 행하는 방식으로 거행된다.[79] 증산교는 천도교와 달리 교단의 의식 중 많은 종류의 부적을 사용하였고, 현재까지도 이어오고 있다.

증산교의 교주인 강일순은 자기를 따르는 사람들에게 주문을 외우는 수련을 시켰으며, 환자를 치료할 때는 한약처방에 의한 약물치료와 함께 주문을 외우게 하거나, 또는 부적을 사용하고 안수치료를 병행하였다고 한다. 따라서 그에게서 병을 고쳤다고 생각하는 사람들은 그를 신인神人으로 여기어 따르게 되었다. 더욱이 그는 자기가 하늘과 땅과 인간의 삼계대권三界大權을 가지고 있으며, 조화로 천지를 개벽하고 선경仙境을 열어 고통 속에 헤매는 중생을 건지기 위하여 이 세상에 내려왔다고 설교하였다.

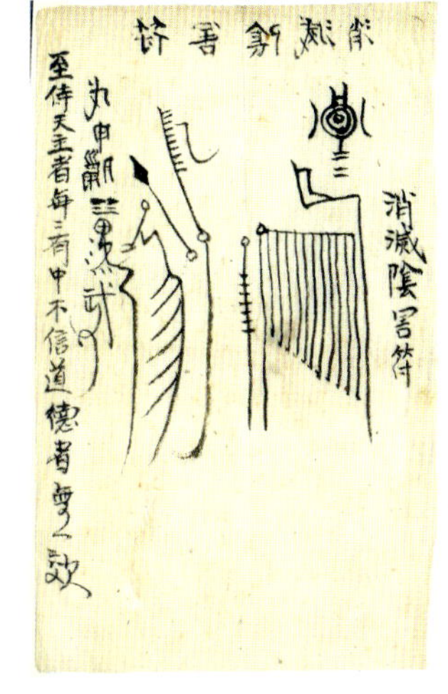

증산교의 소멸음해부
가회박물관 소장

이처럼 증산교의 부적 역시 질병부의 기능을 갖고 있다. 약물치료와 더불어 부적을 사용하였다는 것은 동학과 달리 질병에 대한 근대적인 관념에 기인하는 것 같다. 최제우가 부적을 태워 마심으로써 종교적으로 질병을 치료하려 했다면 강일순은 부적과 약물을 동시에 이용함으로써 그 효과를 배가시키려 했다. 질병이 귀신에 의한 것이라고 생각하던 전근대적인 입장에서는 전자와 같은 치료법이 가능했을지 모르나, 서양의학의 유입 이후에는 약물과 부적이라는 이중성을 인정하지 않을 수 없었을 것이다. 그 결과 부적과 약물을 동시에 처방하게 되었다고 하겠다.

당시에는 인간이 극복해야 하는 가장 큰 문제가 질병이었으므로, 포교가 치병과 관련된 자들에게 집중되었고, 주술적인 치료 방법으로 가시적인 수단인 부적이 이용된 것이다. 따라서 부적은 신흥 종교가 선택할 수밖에 없었던 시대적인 산물이었다고도 할 수 있다.

한편 특기할 점은 이 두 신흥 종교의 부적 중심 무늬가 원과 동심원에서 도식화된 소용돌이무늬라는 것이다. 이 무늬는 가마무늬, 나선형무늬, 궐수문 등 다양한 명칭으로 불리고 있으며 '솟도(성역)' 의 의미로도 알려져 있다. 이 원(알) 문양은 한국 부적 문양의 원형이라고도 할 수 있다.

무속 부적

무당들에 의해서도 다양한 부적이 사용되었다. 무속인에 의해 마련된 것 중 순수하게 무속적인 것은 강신무들이 제작한 영부이다. 영부는 신령의 강림에 의해 만들어지는 것으로, 기존의 불교나 도교에서 전래되었다고 여겨지는 부적과는 판이하다.

반면에 경사나 술사는 도교의 경전들이나 불교의 의례집 등에 수록된 부적을 이용하는 경향이 강하게 나타난다. 특히 19세기에 도교의 경전이 민간에까지 보급되면서 부적의 사용은 더 다양하게 전개된 것으로 보인다. 그 구체적인 사례로 고려대학교 박물관에 소장되어 있는 『각양부적各樣符籍』에 수록된 부적을 살펴볼 수 있다. 각양부적은 19세기 말엽에 작성된 것으로 추정되는데, 마지막 장에 임신壬申 정월에 만든 것이라 기록하고 있는 점으로 보아 1872년이나 1932년에 제작되었을 것으로 추정된다. 제작자는 알 수가 없다. 부적의 모양이나 내용을 보아 누군가에 의해 여러 부적집의 부적이 종합된 책으로 여겨진다. 각양부적이라는 명칭처럼 이 부적집에는 다양한 부적이 수록되어 있다.

- 오행과 관련된 부적 : 팔문신장부, 별자리 28수宿부적, 오행부五行符, 피병인부避兵刃符, 9성부星符, 본명부本命符, 선인오명위부仙人吾命位符, 24절기節氣부적, 10간干12지支 부적, 28방 방위부적, 팔괘부八卦符, 오방부五方符, 통갑부通甲符, 태을부太乙符 등

- 묘자리에 사용하는 부적 : 문상부問喪符

- 액막이 부적 : 실물부失物符, 삼재부三災符, 퇴액부退厄符, 동토부動土符, 벌목부伐木符, 대장부大將符, 도왕부圖王符, 이사방처부移徙方處符, 작목부作木符, 화고부畵庫符, 인귀부人鬼符, 백귀불침부百鬼不侵符, 객사불침부客死不侵符, 책귀부責鬼符, 축사부逐邪符, 요사귀진축부妖邪鬼盡逐符, 토황신금기부土隍神禁忌符, 동토병인배부動土病因背符, 구설퇴거부口舌

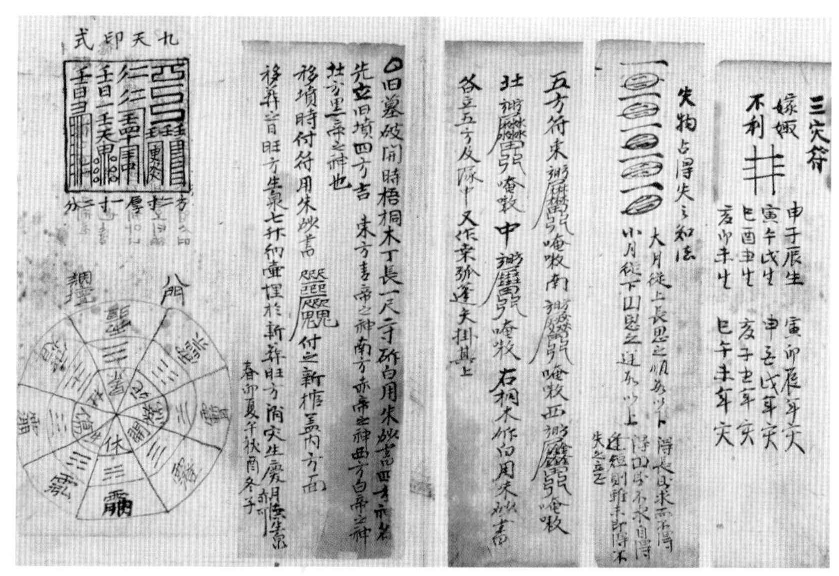

삼재부, 실물부, 오방부, 이장할 때 사용하는 부적 각양부적, 고려대학교박물관 소장

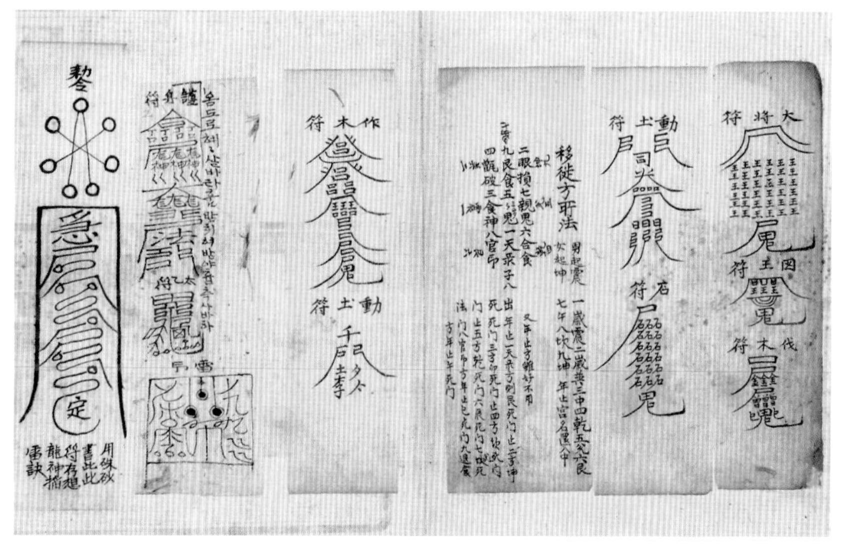

대장부, 벌목부, 동토부, 석부, 작목부 등 각양부적

退去符, 사호부巳護符 등

- ●질병부 : 백병부百病符, 우마병부牛馬病符 등

- ●무엇인가를 갈구하는 부적 : 취식부取食符, 취어부取魚符, 취병부取餠符, 취육부取肉符, 취산물부取山物符 등

- ●집안과 관련한 부적 : 안택부安宅符, 성조부成造符 등

이 부적집에서 방위나 자연현상을 부적의 대상으로 삼은 것을 제외한다면 가장 많은 수를 차지하는 것은 재액과 관련한 부적이다. 혹시라도 발생할지 모를 액을 막고자 사용한 부적인데, 삼재, 액, 동토, 나무를 벨 때에 나는 탈, 대장군 방위에서 나는 탈, 이사할 때 발생하는 탈, 인귀, 백귀, 귀신, 사악한 것, 요사귀신, 구설, 도둑예방 등 액의 종류가 매우 다양하다. 이들 중 도둑이나 구설을 제외하고는 모두 비가시적인 영적인 존재들이다. 영적인 존재로 인해 빚어질지 모를 탈을 예방하는 데는 역시 부적이 최상의 방법이었던 것 같다. 또한 도둑이나 구설을 부적으로 예방할 수 있다고 간주한 것은 이러한 일들 역시 구체적인 실물과 관련되지 않았다는 점에서 동일한 차원에서 이해된다. 즉, 액막이의 대상은 인간의 힘으로는 어찌해볼 수 없는 비가시적인 영적인 존재와 관련된다고 하겠다.

이 밖에도 질병과 관련하여 백병부와 우마병부가 있는 것으로 보아 질병 역시 귀신의 침입에 의한 것이라는 고전적인 관념을 엿볼 수 있다. 우마병부처럼 소나 말의 질병에도 부적이 사용되었다는 것은 이들 짐승을 인구人口라 하듯이 사람과 밀접하기 때문인 것으로 보인다. 개나 닭 등의 짐승을 위한 부적이 없는 것과 대조적으로 소나 말의 중요성이 부적을 통해서도 다시 한번 드러나는 셈이다.

액막이부적 외에도 『각양부적』에는 '잘못된 부적'과 관상법을 비롯하여 경문도 일부 수록되어 있다. '잘못된 부적'이라고 표기된 부적 3장과 원본부적이 함께 그려져있다. 이는 작성하다 잘못되었는지 아니면 필자가 부적을 모으는 중에 잘못 작성된 부적을 바로잡기 위해 적기해 두었는지는 분명하지 않지만, 부적을 옮겨 그리다가 잘

못 작성한 예를 표현하고자 한 것이라 여겨진다.

이처럼 다양한 부적과 경문, 관상법 등을 묶어 놓은 『각양부적』은 명칭 그대로 종합적인 무속 경전으로 만들려고 한 것으로 추정된다. 이 부적집을 통해 19세기 말엽부터 20세기 초엽에 이르는 기간 사용되던 다양한 부적과 부적의 용도를 살펴볼 수 있다.

불교 부적

국교를 유교에 내어준 후 불교는 더욱더 민간과 친밀해졌다. 그래서 불교는 지금껏 부적이라는 도구를 이용하여 민간과의 접촉점을 마련하고 있다. 이미 고려시대로부터 부적이 불교의 종교수단의 하나임을 살펴보았듯이, 불교에서 부적은 나름대로 중요한 역할을 하고 있었다. 조선시대에도 꾸준히 의례집에 부적이 소개될 정도로 부적은 그 쓰임이 지속되었다.

불교에서는 17~18세기에 의례집을 다수 제작하였는데, 이는 불교의 종교적 기능의 변화에 따른 자연스러운 현상이었다. 그러나 근현대에 이르러서는 불교에서 의례집이 새롭게 제작되지 않고 있다. 새로운 것을 제작하기보다는 기존의 다양한 것들을 현대에 맞게 활용하고 있는 실정이다. 그러한 가운데 과거의 의례집에는 수록되어 있지만, 현재는 사용되지 않는 것들도 존재한다. 그중 하나가 바로 부적이다. 조선시대에 간행된 의례집에는 칠성경을 낭송할 때와 멸죄소멸과 관련한 의례를 집행할 때의 부적이 수록되어 있다. 그러나 현재는 두 의례를 행할 때 부적을 사용하지 않는다. 의례집에는 수록되어 있지만 그 의미가 퇴색되어 사용하지 않는 것이다.

그렇다고 하여 불교와 부적의 관계가 무관하다는 것은 아니다. 불교 의례가 순수함을 찾아갔다면, 부적은 다른 차원에서 사용되고 있다. 지금도 사찰에서는 부적을 발행한다. 스님들이 자체 제작을 하기도 하고, 인쇄소에서 인쇄된 것을 구입해 사용하기도 한다. 주로 많이 사용을 하는 것은 삼재부적, 입춘부적, 입시부적 등이다. 입시부적은 과거에는 볼 수 없었던 것으로 최근 입시지옥과 관련하여 새로운 종교적 욕구에 의해 발생한 것이다.

이와는 별도로 사찰에서 마련한 부적을 놀이패인 사당패가 판매하기도 했다.[80] 비록 후대의 사례이기는 하지만 사찰과 긴밀하게 연계된 사당패가 놀이를 하면서 부수입을 거두기 위해 부적을 판매했던 것이다. 구한말까지 경기지역의 대표적인 놀이패였던 안성의 바우덕이패 역시 그러한 일을 담당했다.[81] 이렇게 마련된 부적 판매 대금의 일부는 놀이패와 연계되어 부적을 발행한 사찰에 지급하고, 나머지는 놀이패의 기금으로 활용했다.[82] 유랑집단인 놀이패가 공연을 하면서 부적을 판매하였다는 사실은 그만큼 부적의 사용이 공공연했음을 보여준다.

평생의례와 부적

1920년대부터 일제 관학자들에 의한 한국 무속 연구가 본격화되었다. 민속연구가 중시되면서 무속연구는 그 중심에 놓이게 된다. '한국인의 정신세계를 이해하려면 한국인이 섬기는 신령과 종교를 보라' 는 아키바 다카시[秋葉隆]의 말처럼 무속은 일제 강점기 일본 정부가 식민정책을 펴기 위한 한 발판으로 연구되었다. 이런 과정에서 저술된 무라야마 지준[村山智順]의 『조선의 귀신』, 아카마츠 지조[赤松智城]·아키바 다카시의 『조선무속의 연구』에는 당대에 수집된 198여 개의 부적과 사용법이 소개되어 있다. 이와 더불어 고려대학교 박물관에 소장되어 있는 『각양부적』에도 다양한 부적이 소개되어 있는데 이들 자료 중에서 의례와 관련한 부적을 살펴보면 다음과 같다.

출산出産 및 육아와 관련된 부적

- 임산부의 발에 천天 자를 쓰면 즉시 순산한다(평안북도).
- 갓난아이의 사망을 방지하기 위해서는 두 장의 부적을 제작하여 한 장은 아이의 옷깃에 넣고, 한 장은 입구에 붙인다(평안북도).
- 백일해에는 환자의 양손바닥에 먹칠을 한 후에 백지에 누른 것을 바깥 문에 붙여

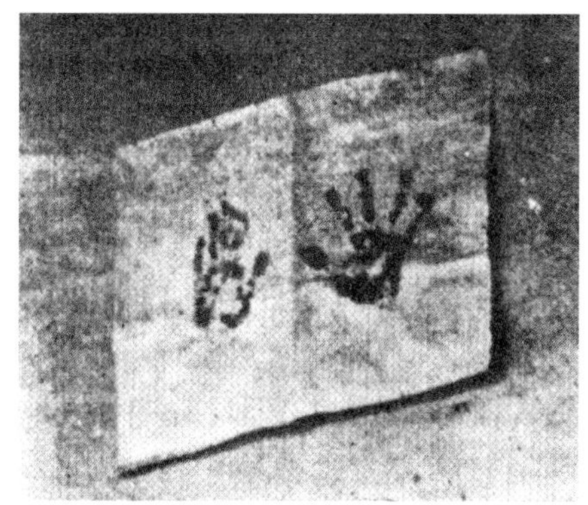

백일해 부적

두면 낫는다(경상북도).

위 부적의 내용은 아이의 출산 및 양육과 관련된 것이다. 아이를 낳을 때에 천 자를 임신부의 발바닥에 쓴다는 것은 하늘의 권능으로 모든 것을 이루어낼 수 있다는 믿음에 의한 것이다. 갓난아이의 사망과 백일해를 예방하기 위한 부적은 아기가 어른과 달리 육체적·정신적으로 성숙한 존재가 아니므로 실제 질병이 발생하기 이전에 미리 방지하기 위해 제작되었을 것이다.

출산 시에 부적을 사용한 실례로써 1941년의 사례를 들면 다음과 같다.

부적을 그려주는 한 잡술가 집에서 부적에 대하여 이것저것을 묻고 있는데, 같은 동네에 사는 남자 한 사람이 황급히 나타나 자기 부인이 아기를 낳는데, 아기가 나오지 않아, 고통이 심하니 빨리 나오게 하는 부적 하나만 만들어 달라고 했다. 그러자 그는 알았다는 듯이 흰 백지에다 붉은 주사로 부적을 만들어 주었는데, 그것은 종이 가운데에 거車 자를 크게 쓴 다음, 네 귀퉁이에 각각 마馬 자 한 자씩을 비스듬히 기울어지게 쓴 것이었다. 그리고는 "이것이 빨리 분만할 수 있는 순산의 부적인데, 이것을 가지고 가서 성냥불에 태워 그 재를 물에 타서 마시면 곧 분만할 수가 있다"고 하였다. 그때 잡술가에게 "그 부적에

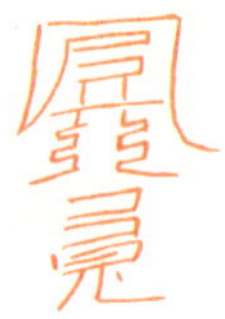

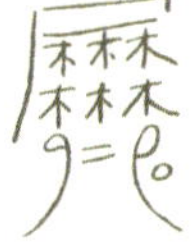

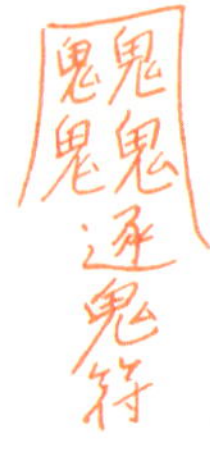

충청도에서 사용했던 부적
1929

거 자와 말 자는 무엇을 의미하는 것이기에 그렇게 써서 사용하는 것인가?' 하고 물으니 그는 순산 부적이라고만 할 뿐이었다.[83]

이 사례는 1941년 강용권 교수가 직접 경험한 것으로, 당시까지도 출산 부적이 사용되고 있었음을 확인할 수 있다.

질병과 관련된 부적

무라야마 지준이 수집한 부적 중에서 가장 높은 빈도를 나타내는 것은 질병부이다. 165개의 일반부와 거병부去病符라 하여 별도로 35개의 부적과 동토부 10개, 진악몽진부 16개를 소개하였다.[84] 거병부는 말 그대로 질병을 물리치기 위한 것이므로 모두 질병과 관련된다. 그러나 일반부 165개도 10여 개만 제외하고 모두 질병과 관련되어 있어, 질병 관련의 부적이 매우 많음을 알 수 있다. 질병 부적의 대표적인 내용만 소개하면 다음과 같다.

- 병이 났을 때 부적을 귀신이 싫어한다 하여 이것을 복용한다(평안북도).
- 정신병에 뜸질을 하고 종이에 붉은 것으로 주문을 쓰고 그것을 태운 가루를 먹으면 낫는다(평안북도).
- 정신병에는 부적을 사방의 벽에 붙인다. 또한 부적을 태워서 복용한다. 부적을 실내 구석까지 붙이고 독경한다(평안남도).
- 복통일 경우 백지를 넷으로 접어 주묵으로 달팽이가 기어가는 모양의 그림을 그려 복부에 대고 있으면 낫는다(함경북도).

- 신경통에는 그림을 그린 부적을 천장 안에 붙여놓는다(평안남도).

- 열병에는 부적을 대문에 붙여놓으면 병이 들어오는 것을 막고, 부적을 병실 사방에 두 장씩 붙이면 병마가 물러난다(평안남도).

- 눈병에는 부적에 있는 목目 자를 매일 아침 바늘로 찌르면 낫는다. 부적을 입구 좌측에 백지(가로 5치, 세로 6치)에 써서 붙인다. 부적을 붉은색으로 그려 벽에 붙인다(평안남도).

- 신장병에는 부적을 붙인다(평안남도).

- 일반적인 병에는 부적을 붉은색으로 세 장 그려서 대문에 붙인다. 다른 부적은 실내 및 문에 붙인다.

- 발진티푸스는 병실 서쪽 벽에 붙인다.

- 콜레라는 온돌 입구 벽에 붙인다.

- 기면성 뇌염에는 웃옷의 등 쪽에 넣어두면 이 병에 걸리지 않는다.

- 말라리아는 실내에 붙인다. 혹은 환자의 옷깃에 꿰매 넣는다.

- 홍역에는 대문에 붙인다. 부적을 붙이면 7일 내에 효과가 있다.

- 백일해에는 실내 입구에, 또는 문 입구에 붙인다.

- 유행성 감기에는 실외벽에 붙이거나 거실 내에 붙인다. 혹은 온돌 입구나 문 앞, 방 입구, 입구 벽, 방벽이나 문에 붙인다.

- 산후병에는 부엌 입구 및 환자의 베개에 붙인다.

- 수역獸疫에는 대문에 붙이고, 우역에는 외양간 입구에 붙인다.

- 유병乳病에는 유방 둘레에 '鯨·鯖·魠·鰭·魚自·鱈·魚以·鰊'의 여덟 글자를 쓰면 낫는다.

- 홍역에는 여女 자를 112번 쓴 부적을 붙이면 낫는다.

- 말라리아는 등에 '鎷·鈦·鋯·鈴·鉀·金鬼'의 문자를 먹으로 쓴다.

- 보통 병을 제거하는 데는 '蘇民將來之子孫海州后入'이라는 문자를 세로 3치, 가로 1치의 붉은 종이에 써서 문 입구에 붙인다. 또는 아래와 같은 문구를 주서하여

입구에 붙인다.

재미있는 것은 첫 번째의 사례에서 보이듯이 '귀신이 부적을 싫어하므로 부적을 복용한다' 는 사실이다. 여기에서 귀신—부적—병의 상관성을 확인할 수 있다. 결국 부적은 병의 원인이 되는 귀신을 처방하는 처방전인 셈이다.

무라야마 지준은 『조선의 귀신』에서 1929년 당시에 실제로 사용되고 있던 부적을 중심으로 소개하고 있는데, 가장 많은 비중을 차지하는 부적이 벽병부이다. 즉, 부적의 쓰임이 질병과 관련하여 보편화되었다고 하겠다.

당시 사용된 벽병부에는 콜레라, 말라리아, 뇌염, 백일해, 감기 등의 병으로부터 정신병, 보통병, 전염병에 이르기까지 매우 다양한 병을 치료하는 부적이 수록되어 있다. 이는 모든 질병에 부적을 사용할 수 있다는 말이 된다. 한편 모든 병을 종합적으로 치유하는 부적도 존재한다.

부적은 질병의 증세에 따라 연관된 글자를 적어 넣기도 하고, 관련된 공간에 붙이기도 한다. 이는 질병과 부적과의 관련성을 나타내며, 결국 증상에 따라 개별적으로 치료를 할 수 있다는 믿음이 반영된 것이다.

한편 질병과 관련한 많은 부적들 중에 콜레라, 말라리아 등의 유행성 전염병의 경우에는 원인을 정확히 알기 힘들었기 때문에 부적에 대한 의존도가 컸을 것으로 예상되지만, 복통이나 신경통 등의 원인을 알 수 있는 질병의 경우에도 부적을 사용했다는 것은 부적에 대한 일반적인 믿음이 존재했음을 짐작케 한다. 즉, 원인을 알 수 있고 의약적인 처방이 필요한 질병에도 부적을 사용했다는 사실은 오늘날과 달리 부적이라는 주술적인 도구에 거는 전반적인 기대가 상당했음을 보여준다.

별도로 소개되어 있는 거병부 35개는 12일진부, 30일부, 질병부, 보통병부 등으로 나눌 수 있다. 이처럼 날짜를 나누거나 다양한 질병을 위한 부적이 마련되어 있다는 것은 무엇보다 질병은 인간의 삶에 위해한 존재로 이것으로부터 자신을 보호하기 위해 나름대로 노력해야 했던 당시의 사정을 알게 한다. 의학이 발달하지 못했고, 또한 발달되었다 하더라도 민간에서는 위와 같은 재래적인 부적 사용으로 치병을 하고자 했을 것이다. 이와 관련하여 구한말 기독교 선교사인 헐버트와 게일의 지적을 상기할 필요가 있다.

구한말에 선교사로 조선에 온 헐버트가 "조선인은 사회적으로는 유교도이고, 철학적으로는 불교도이고, 고난을 당할 때는 영혼숭배자이다"라고 말했으며,[85] 게일은 "조선인들이 세계와 단절된 채, 아무 것도 모르고 미신에 의지해서 살아왔고, 그 때문에 사물을 제대로 보지 못해왔다"라고 했다.[86] 물론 이는 기독교 선교사의 입장에서 한국인의 민간신앙을 미신으로 이해한 데서 오는 견해이기는 하지만, 당시에 여전히 만연되고 있던 부적의 사용을 짐작하는 데 도움이 된다.

구전자료와 부적

민간에서 구전되는 설화나 무가巫歌 등의 자료에도 부적에 대한 내용이 소개되어 있다. 전남 보성군 복내면 삼박실이라는 마을에 구전되는 설화와 서울·경기 무당의 황제풀이 무가가 그것이다.

이 마을 뒤 골짜기에는 모기뿐 아니라 개구리 울음 소리도 들리지 않는다. 그 이유는 강감찬 장군이 전시에 노모를 모시고 하룻밤을 지내게 되었는데, 모기가 물고 개구리가 요란스럽게 울므로 잠을 이룰 수 없자, 장군이 부적을 사용했다. 그 후 지금까지 모기도 개구리의 울음소리도 들리지 않는다고 한다.[87]

위와 같은 이야기는 강감찬 장군과 지역과의 관련성을 매개로 하여, 그의 장군으로서의 무력적인 힘이 주술적인 도구로 활용되고 있음을 의미한다. 이는 유사類似는 유사를 낳는다는 유감주술類感呪術, homeopathic magic의 원리속에서 탄생한 설화인 셈이다.

경기 무가의 〈황제풀이〉에는 앞서 살펴보았던 춘향의 집 앞에 붙은 부적의 내용이 수록되어 있다.

(전략) 벽장문은 복북자 필통그림, 다락문은 병화그림, 대청을 쳐다보니 부모는 천년수요 자손은 만세영이라 둥구렷이 붓쳤구나, 안방을 바라보니 부모께 천년산의 수양산이 빗초였구나, 거는 방을 바라보니 자손의 만년수라 귀봉이 깃들엿구나, 남벽을 바라보니 삼신산 세 로인이 흑백을 들고 바둑두는 형상이요, 북벽을 바라보니 십장생이 분명하다. 사각기둥 립춘서라 천중세월인증수요 천만건곤복만가라 벽문 위를 바라보니 제견사호 쌍기린이 분명허다. 즁문에 세 선비요 대문에는 을지문덕 진숙보가 분명허다. 그림치쟝헌 연후에 사방 부벽이 업슬소냐 동편에 진쳐사 도연명이 팽태령을 마다하고 추강에 배를 띄워 심양으로 가는 형상 먹넉히 그렷구나. 서편을 바라보니 삼국풍진 소란시에 한종실 유현덕이 적토마를 빗겨 타고 남양초당 설한즁에 와룡선생 기다리는 형상 녁녁히도 그렷구나. 남벽을 바라보니 서산대사 성진이가 석교에 올라 팔선겨늘 히롱하며 합쟝배례하는 형상이요, 북벽을 바라보니 위수에 강태공이 선팔십이 곤궁하야 고든 낙시를 물에 넛코 쥬문왕을 기다리는 형상 넉넉히도 그렷구나. (후략)[88]

이 무가에는 집의 중문과 대문에 문배가 나타나는데, 이곳에서도 역시 춘향전에서 본 것과 마찬가지로 중문에 세 선비를 그렸고, 대문에는 을지문덕, 진숙보를 그렸다. 그런데 여기서는 울지경덕을 을지문덕으로 표시하고 있다. 울지경덕은 당나라 초기의 장군이지만, 을지문덕은 고구려와 수나라의 싸움에서 혁혁한 공을 세우며 수나라를 격퇴한 장군이다. 다른 기록이나 실제의 입춘첩에서 사용하는 것은 진숙보와 울지경덕의 그림이므로, 여기서의 을지문덕은 울지경덕의 착오이다.

벽사부적의 종류와 기능

벽사는 인간 삶에 있어 초복招福 행위보다 오랜 역사성을 지닌다. 인간의 역사에서 종교적인 부분 중 가장 중요한 것은 복이나 풍요를 빌고, 재앙으로부터 자신을 보호하는 것이다. 복이나 풍요보다 중요한 것은 어떠한 면에서 재앙의 구축驅逐이다. 살아가면서 겪게 되는 위해한 것들로부터 삶을 보호해야만 복을 추구할 수 있다. 이러한 차원에서 제액은 복을 부르는 행위에 선행하는 종교적인 욕구이다. 따라서 인간에게 보다 관심의 대상이 된 것이 바로 벽사이다.

벽사부의 종류는 귀신불침부, 질병부, 재액소멸부로 대별된다. 앞으로 유형별 부적을 살펴봄으로써 인간이 막고자 하는 대상을 구체적으로 알고, 부적에 담아내고자 했던 그들의 종교적 심성을 이해할 수 있을 것이다.

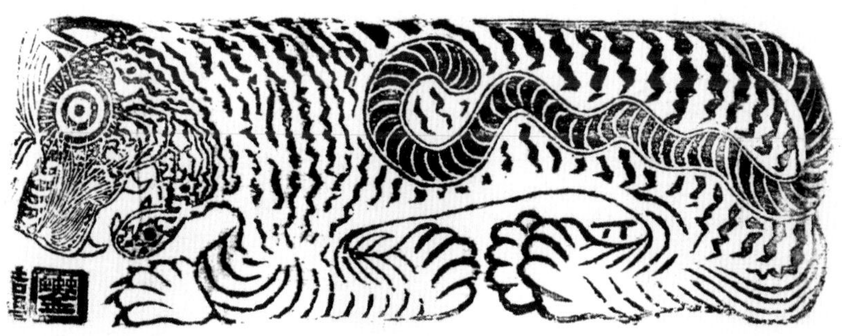

호랑이 부적 삼성출판박물관 소장

귀신鬼神 관련 부적

사람을 유혹하여 죄를 저지르게 하고 못살게 괴롭히는 악독한 귀신을 쫓는 부적이 귀신불침부이다. 이 부적의 역사는 신라 25대 진지왕과 도화녀 사이에서 태어난 비형랑을 생각해 볼 수 있다. 또 이러한 귀신에 대한 관심은 고려시대의 불교 진언집으로부터 그 이후의 여러 진언집에서 찾아볼 수 있다. 귀신불침부는 만연사에서 중간된 용암스님 『진언집』(1777년), 망월사에서 중간된 『진언집』(1800년)을 비롯하여 연화탑상 다라니부에도 들어있다.

이 부적들의 모양을 보면 우선 상단과 하단으로 나눌 수 있다. 상단은 광光 자 네 개가 왈日 자 혹은 일日 자를 둘러싸고 있는 듯하다. 하단은 시尸자와 추상적인 형태의 글자가 어우러져 있다.

광 자를 비교해 보면 시대에 따라 달라지는 형식적 특징을 살펴볼 수 있다. 1756년경의 부적은 1777년의 글자와 유사하다. 1777년의 부적에는 광 자가 또박또박 씌어져 있다. 1800년의 부적에는 광 자가 다시 염炎 자처럼 표현되었으며 글씨도 매우 흔들린다. 광 자의 이러한 차이는 부적을 모사하는 과정에서 나타나는 현상이겠지만, 조선 초기에는 칼날같이 날카로운 면을 보이다가 조선 후기에 이르러서는 글씨가 변

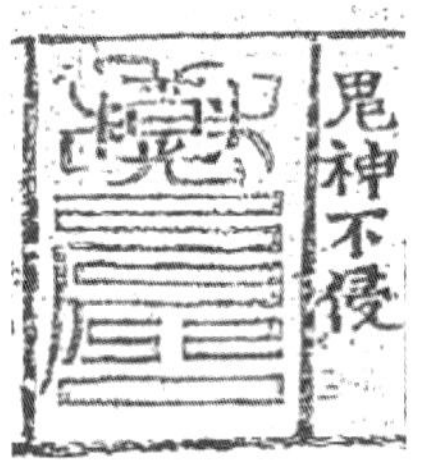

연화탑상 다라니부 1756

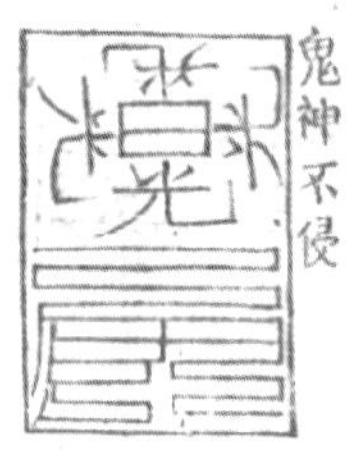

만연사 『진언집』 1777

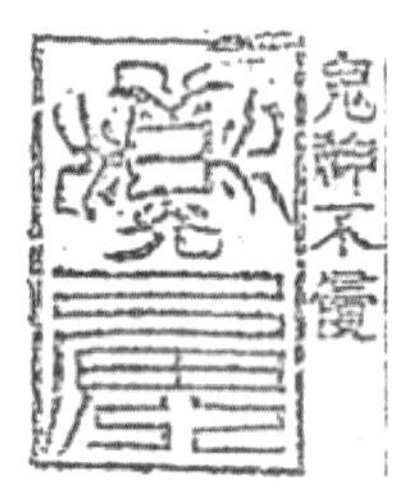

망월사 『진언집』 1800

형되고 흔들리는 특이한 점을 볼 수 있다.

약간씩의 차이를 보이기는 하나, 부적의 내용면에서는 조선초기로부터 오늘날에 이르도록 큰 변화 없이 그 형태를 유지하고 있다. 부적의 사용이 오랜 시간에 걸쳐 지속적이라는 것은 이 부적에 대한 믿음을 짐작케 한다. 부적의 효험이 사용자들의 호기심을 충족시키고, 마음에 안정을 주는 데 큰 역할을 해왔기 때문에 형태가 변화하기보다는 과거의 것을 그대로 모사해서 사용하는 것이다. 이러한 과정은 결국 해당 부적에 대한 수요와 종교적인 염원이 소멸되지 않았음을 의미한다. 500여 년의 기간 동안 그 모습을 잃지 않았다는 것 자체가 바로 그러한 점을 반증한다.

특히 귀신불침부는 불교의 진언집에 수록된 여러 부적 중 하나로, 그 쓰임이 불교에 국한되어 있다. 그렇다면 귀신불침부는 오랜 기간 동안 불교도들이 불교를 통해 구하고자 했던 여러 소망의 하나를 담고 있다고 할 수 있을 것이다. 그러나 불력佛力을 빌어 귀신을 물리친다는 내용이 아니라 빛[光]과 해[日]의 밝음으로 음의 기운인 귀신을 물리친다는 내용이 담겨져 있어 주목된다. 즉 이러한 모습은 불교 본연의 모습이라기보다는 한국 사회에 만연해 있던 재래종교적인 모습을 담고 있기 때문이다. 고려시대의 국가종교는 불교였지만 그 이면에는 토속종교의 모습을 다수 담고 있는데, 사찰에서 사용하는 귀신불침부의 모습 또한 그러한 측면에서 이해할 수 있다.

오늘날 부적집에 수록된 귀신불침부는 형태나 그 종류에 있어 매우 다양하다. 그 형태나 종류가 매우 다양한 이유는 질병, 재액 등을 포함한 인간에게 위해한 모든 것들이 귀신에 의해 발생된다고 믿었던 옛 사람들의 생각에서 비롯된 것이라 할 수 있다. 따라서 귀신불침부에는 삶에 가장 좋지 않은 영향을 미칠 수 있는 귀신을 강력하게 추방하길 원하는 바람이 담겨져있다.

귀신불침부는 불교의 진언집에 수록된 것도 다수 보이지만, 그 밖에도 다양한 모습을 갖추고 있어 귀신을 물리치는 다양한 방법과 귀신에 대한 관념을 알 수 있다. 우선 귀신불침부에 속하는 부적의 종류를 열거하면 다음과 같다.

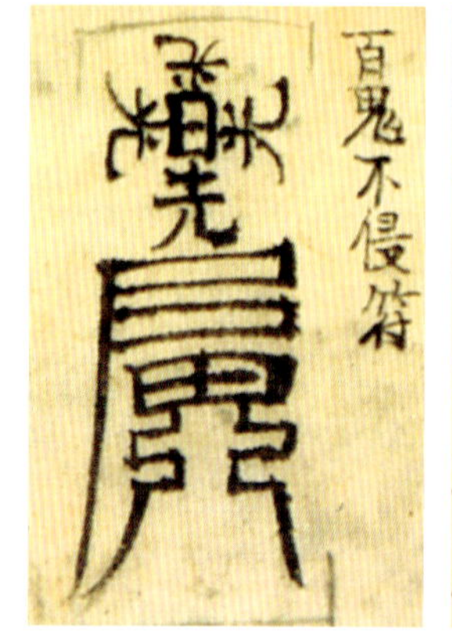

백귀불침부 각양부적

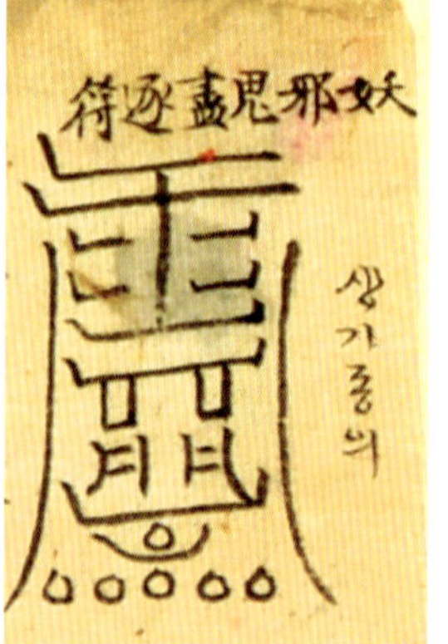

요사귀진축부 각양부적

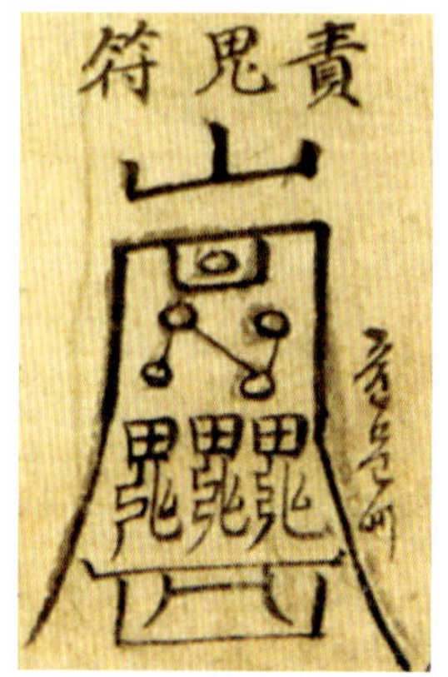

책귀부 각양부적

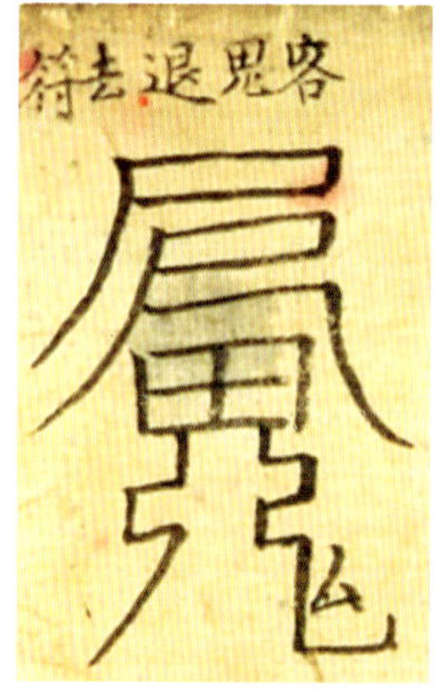

객귀퇴거부 각양부적

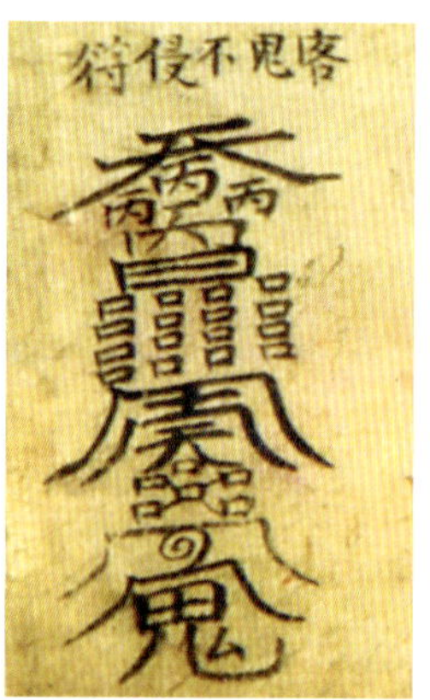

객귀불침부 각양부적

- 백귀불침부百鬼不侵符 백귀자멸부百鬼自滅符
- 악귀불침부惡鬼不侵符

  악귀불입부惡鬼不入符 제악신불입부諸惡神不入符

  악귀소멸부惡鬼消滅符 제귀자멸부諸鬼自滅符
- 객귀불침부客鬼不侵符 객귀퇴거부客鬼退去符
- 요사귀진축부妖邪鬼盡逐符 소멸요사잡귀부消滅妖邪雜鬼符
- 귀신급주천리부鬼神急走千里符
- 대장군불침부大將軍不侵符
- 택내백신불침부宅內百神不侵符
- 축귀부逐鬼符
- 책귀부責鬼符
- 면고난재환부免苦難災患符
- 소사요참부逍邪妖斬符

- 관음부觀音符
- 귀명부鬼鳴符

이 부적들은 모두 귀신이 침투하지 않길 바라는 내용을 담고 있다. 이때 불침의 대상이 되는 귀신은 그저 귀신이라고도 표현하지만, 악귀惡鬼, 객귀客鬼, 백귀百鬼, 대장군大將軍, 택내백신宅內百神 등으로 다양하다. 귀신불침부는 인간에게 유해한 귀신의 종류를 구체적으로 파악하는 데 도움을 준다. 이를 하나하나 살펴보면, 악귀는 그저 악한 귀신을 표현하는 말로 귀신의 성향을 잘 드러내준다. 그러나 객귀는 집이 아닌 곳에서 사망한 귀신으로, 비정상적인 죽음을 맞이한 사람의 혼신을 말한다. 객귀는 일반적으로 '뜬귀' 라 하여 조상이 되지 못하고 떠돌아다니며 인간에게 피해를 주는 혼령이다. 백귀는 백 가지 종류의 귀신이라는 뜻으로, 택내백신과 유사하다. 백百은 가장 많은 다수를 상징하는 숫자로, 그토록 많은 귀신의 종류가 모두 침로하지 못하게 한 것이다. 대장군은 해마다 돌아가는 방위와 관련된 귀신을 말한다. 대장군이 있는 방위로는 물건을 옮기거나, 이사를 하거나, 여행을 떠나지 말아야 한다는 전통적인 방위 관념에 따라 대장군을 막아보고자 부적을 쓴 것이다.

한편으로 귀신의 울음소리 역시 범상치 않은 조짐이 되므로 이를 막고자 했다. 귀신의 울음소리가 들리면 사용하는 귀명부鬼鳴符는 귀신을 귀신의 울음소리로 인식하기 때문에 제작된다. 귀신은 삶에 위해한 존재이므로 물리쳐야 하고, 내쫓아야 한다는 일관된 생각을 엿볼 수 있다.

질병疾病 관련 부적

질병은 인간의 삶에 있어 가장 두려운 대상이다. 인간은 질병으로부터 벗어나기 위해 오랜 기간 동안 싸웠다. 그 방법 중 하나가 바로 질병부이다. 질병부에는 인간이 싸워 극복해야 했던 다양한 질병이 담겨있다.

병은 악귀가 일으키는 것으로 간주하였기에 병을 막기 위해 다양한 부적을 사용한다. 이 부적들은 약과 관련한 부적, 병이 발생한 날짜와 관련한 부적, 모든 질병과 관련한 질병총부, 발병 원인과 연령에 따라 내과, 외과, 부인과, 소아과 등으로 구분할 수 있다.

약藥과 관련된 부적

- 백약무효퇴병부百藥無效退病符
- 통치백병오뢰부統治百病五雷符
- 만겁불수생사부萬劫不受生死符
- 침아고질병부沈痾痼疾病符
- 오뢰통치백병부五雷統治百病符
- 복약효력부服藥效力符
- 백병치료부百病治療符
- 백병불침부百病不侵符
- 백병재난불침百病災難不侵 海印神符
- 백괴사신빈소원성취부百怪邪神擯所願成就符
- 백병불입부百病不入符

위의 부적들은 병의 빠른 치유를 바라는 부적이다. 약효를 보지 못할 때 이 부적을

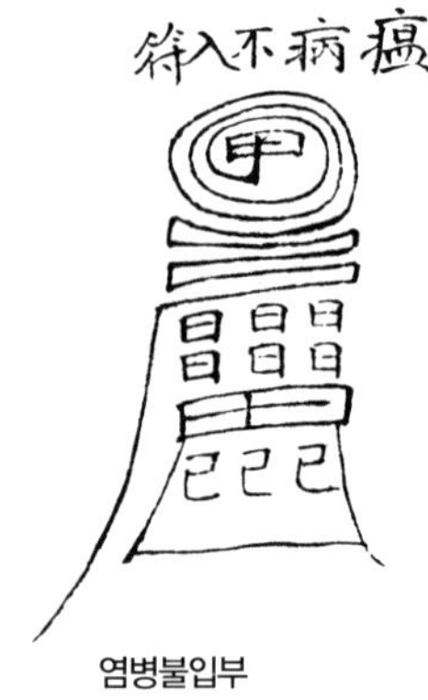

염병불입부

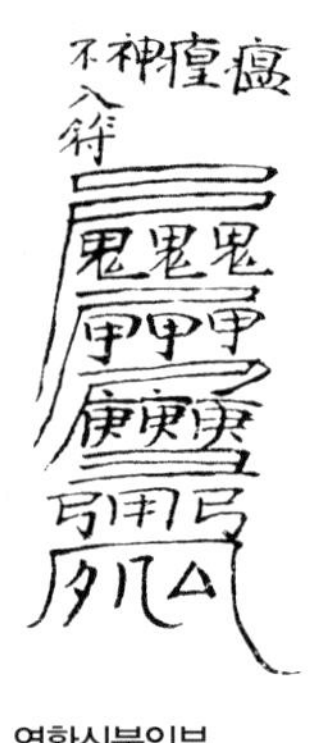

염황신불입부

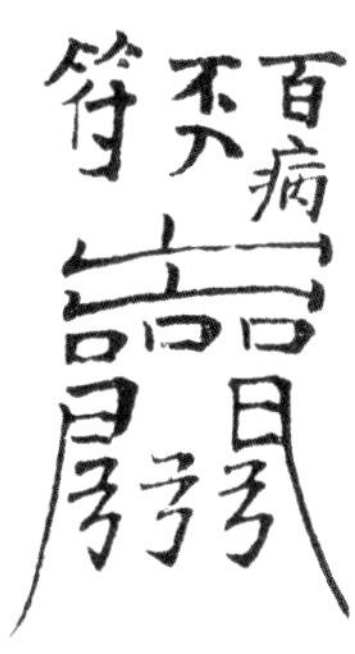

백병불입부

주사로 써서 불에 태워 마신 뒤 치료를 받거나 약을 먹으면 효과를 본다. 부적은 약의 효능을 도와주는 보조 역할을 하며, 약과 더불어 함께 사용하는 것이 일반적이다.

이처럼 모든 약을 사용한 후에도 병이 낫지 않을 경우에 부적을 사용한다는 것은 결국 부적이 약의 처방 이후에 사용되는 것임을 알게 한다. 이는 주술적인 측면을 무시할 수는 없으나 우선은 약 처방을 통해 병을 치유하고자 하는 사유체계를 보여준다. 우선은 약을 써야 하며, 그래도 낫지 않는다면 그때에 부적 등의 주술적인 도구를 가지고 마지막 기대를 걸어보았던 것이다. 이러한 차원에서 부적은 인간이 지닐 수 있는 마지막 희망의 역할을 하고 있었다고 볼 수 있다.

날짜와 관련된 부적

- 10일진日辰 천간부적天干符籍
- 12일진 지지부적地支符籍
- 30일진 부적

위의 부적 모두 병이 발생한 날의 일진을 보아 사용하는 것으로, 이는 발병의 원인을 치유하겠다는 발상에서 고안된 것이라 할 수 있다. 30일진 질병 부적은 병이 발생한 날에 해당되는 부적을, 10일진 천간부적은 발병일에 해당되는 천간에 해당하는 부적을, 12일진 지지부적은 발병일의 지지에 해당되는 부적을 사용하는 것이다. 이처럼 발병일에 대한 관념은 일진에 대한 일정한 관념에서 비롯된다.

30일진 부적은 30일 동안 부적을 상용하여야 병이 나을 수 있다는 관념에서 비롯된 것이다. 병의 주기를 30일로 잡은 것은 우리 삶의 최소한의 주기와 무관하지 않은 듯하다. 즉, 한 달인 30일을 기준으로, 중한 질병의 경우 30일을 지내야 나을 수 있다고 믿었던 것이다. 부정이 발생했을 때 그 달이 지나야 다시 깨끗하게 된다는 관념처럼 30일은 질병이나 주술적인 삶의 단위의 최하한선이 되는 것이다. 한 달을 지내야 한다는 것은 최소한이자 최대한의 시간 단위인 셈이다. 이처럼 발병의 시점이 중시되는 것은 발병의 원인에 대한 처방을 위한 부적임을 분명히 한다.

질병총부疾病總符

- 질병소제증보수부疾病消除增補壽符
- 질병소멸부疾病消滅符
- 질병대길부疾病大吉符
- 질병퇴치부疾病退治符
- 질병치료부疾病治療符
- 만병통치부萬病統治符
- 퇴병부退病符
- 급병부急病符
- 퇴급병부退急病符

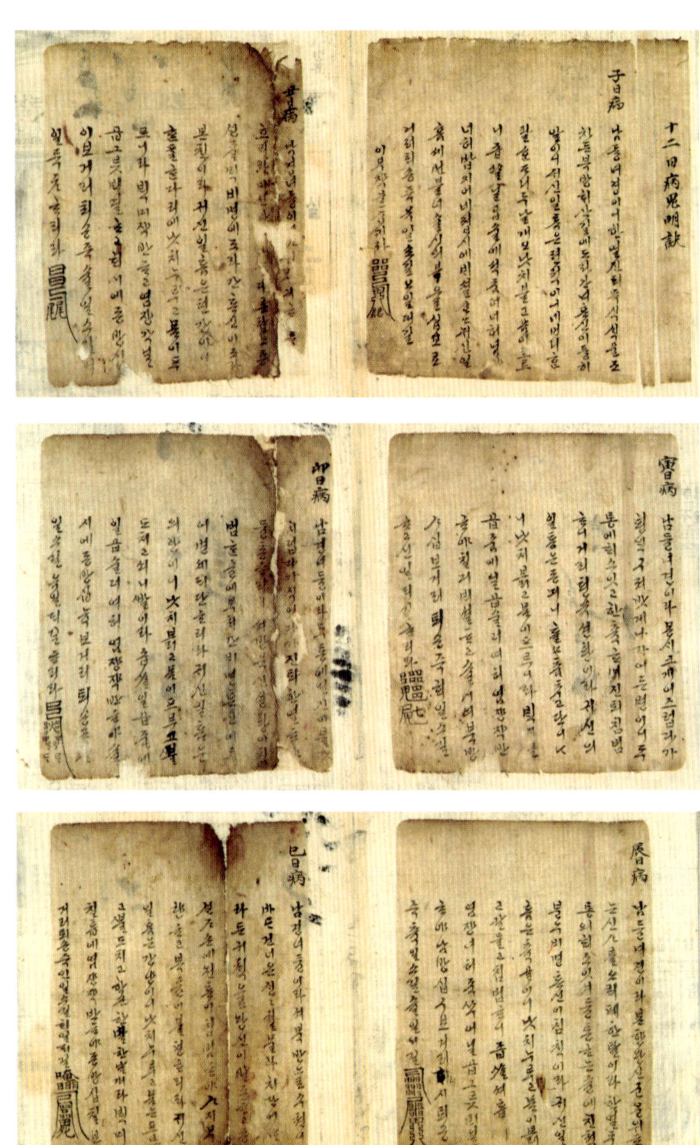

십이지부十二支符 각양부적

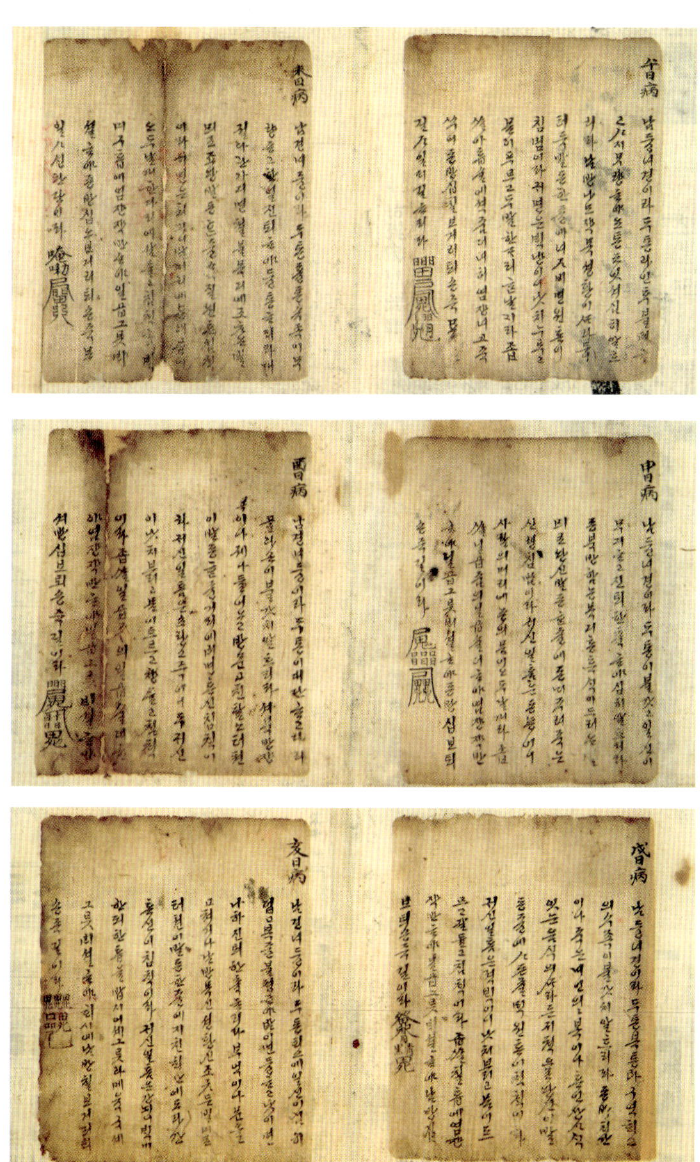

십이지부十二支符 각양부적

모든 질병이 물러가기를 바라는 마음에서 총부를 사용하기도 한다. 이는 일일이 만병萬病을 열거하지 않고, 그저 질병을 퇴치하기를 바란 것이다. 질병이 치료 혹은 소멸되면 대길하게 된다는 기초개념이 부적의 명칭에 잘 드러나 있다.

내·외과와 관련된 부적

질환과 관련한 것은 장기의 손상과 관련한 것이나 열이 나는 것이나, 신체의 부분과 관련한 것으로 구분할 수 있는데, 다음과 같은 특징을 지닌다.

내과와 외과의 질환과 관련한 질병은 인간에게 발생할 수 있는 질병을 거의 모두 열거하고 있으며, 내·외과와 관련한 부적에서 다루는 범주는 의학서들에서 다루는 질병의 대다수가 포함된다. 이는 부적과 의약을 동일하게 중시한 데서 온 관념인 듯하다. 의학서에 나타나는 질병은 약물을 통해 치유되지만, 동일한 내용의 부적이 존재한다는 것은 질병에 대한 이원적인 치료방식이 존재했음을 보여 준다. 예를 들어 조선시대에는 민간의 질병 치료를 위해 활인서活人署를 두었는데, 이곳에 치병을 위해 파견된 존재가 다름 아닌 의사와 무당이었다는 사실이다. 질병에 대한 이와 같은 이중적인 치료는 결국 각종 질병에 상응하는 부적의 탄생을 야기한 것이 아닌가 한다. 그 빈도를 짐작할 수는 없지만, 다양한 종류의 부적으로 보아 부적 사용이 빈번했음을 짐작케 한다.

우선 질병부의 대부분은 글자부적이라는 특징을 지닌다. 질병과 직접 상관있는 한자를 이용하여 부적을 구성하는 것이다. 지혈부에는 지止 자와 혈血 자를 사용하고, 한기치료부에는 한寒 자와 귀鬼 자를 사용하여 한귀를 몰아내달라는 내용의 주문을 기입했다. 이러한 부적은 결국 유사한 것은 유사한 효과를 낸다는 유감주술적인 차원에서 발생한 것으로 볼 수 있다.

둘째, 질병부의 경우 부적책에 기록된 것과 민간에서 주술적으로 사용하는 것이 상이한 경우가 다수 존재한다. 특히 안질眼疾의 경우 부적책에는 글자를 이용하여 구성한 부적이 수록되어 있지만, 민간에서는 그저 물고기 세 마리의 머리를 한곳에 모아 놓거나, 눈병이 난 사람의 눈에 바늘을 꽂아둔 것과 같은 형상으로 표현된 것이 사용되었다. 이러한 차이는 글자부적이 전문가 집단에 의해서 만들어지는 반면 민간에서는 위급한 상황에 처했을 때 나름대로 쉽게 제작할 수 있는 간이형 부적을 마련해 두었던 것으로 볼 수 있다. 간혹 그림과 도교의 진언에 해당되는 내용이 부가되기도 하지만 그저 그림만으로 부적의 역할을 대신하기도 한다. 또한 이러한 현상은 중병이 아닌 사소한 질병과 관련되어 나타나므로, 결국 사소한 질병은 의원이나 무당 등을 찾아가지 않고 해결하고자 했던 당시 민초들의 삶의 모습을 엿볼 수 있다.

셋째, 모든 질병을 부적으로 다스리려 했다는 점이다. 의약과 함께 사용하는 것도 있지만 부적만을 단독으로 사용하는 예가 더 많다. 부적을 몸에 지니거나, 태워서 물에 타서 마시는 방법을 주로 사용했는데 이것은 민간 주술적인 차원에서 이해될 수 있을 뿐 실제 치병에는 얼마만한 효과가 있었는가에 대해서는 알 수가 없다.

넷째, 부적에서 다루는 질병은 내·외과 질환으로부터 부인병에 이르기까지 온갖 병이 포함되어 있는데, 이는 한의학에서 다루는 질병의 범주와 별반 다르지 않다. 이처럼 의학적인 범주와 주술적인 범주가 동일한 것은 전통적인 질병관에 기인한다. 전통사회에서 모든 질병은 귀신의 탓이며, 귀신의 조화로 인해 발생한다고 생각했기 때문에 질병을 치유하는 데 약물 치료를 비롯하여, 심리 치료, 주술적인 치료가 동원된 것이다. 그중 부적은 주술적인 치료에 해당된다. '병이 든다' 라는 표현처럼 과거에는 사람의 몸 안으로 병이 들어 질병이 발생한다고 믿었다. 병은 대체로 귀신의 소행이므로, 병이 나면 귀신을 몰아내기 위해 주술적인 치료를 행한다. 따라서 일상생활에서 가장 빈번히 발생하는 질병의 원인이 되는 귀신을 몰아내고, 치유하기 위해 부적이 사용되는 것이다. 또한 질병은 사람의 삶에 가장 위해한 것이므로, 이를 극복한다는 것은 편안한 삶을 보장받는 길이기도 하다.

동토나 학질, 두드러기 등의 병에는 의학적인 치료보다 주술적인 치료가 약이 된다. 그러나 간단한 외과적인 상처에도 부적을 사용하는 것은 모든 질병을 주술적으로 치유할 수 있다는 관념으로 볼 수 있다. 그런데 질병에 부적을 의존하면서 약의 사용도 병행하고 있다는 사실을 간과해서는 안 된다. 백약무효부의 경우 백약을 사용해도 소용이 없을 경우에 사용하는 부적으로, 이는 질병에 대한 1차적인 치료는 약을 사용해야 함을 간접적으로 시사한다. 백약을 사용해도 소용이 없다는 것은 더 이상 약물치료를 할 수 없는 상황을 의미하므로, 이럴 경우에는 '지푸라기라도 잡는 심정으로 주술에 의존' 해야 했던 것이다. 간절한 소망을 담은 부적이 백약무효부라는 명칭을 얻은 것은 마지막 기대를 담고 있다는 희망의 상징일 수 있다. 즉, 약으로도 치료가 되지 않는 환자에게 마지막으로 부적의 주술적인 힘에 기대어 희망을 주는 것이다.

재액소멸災厄消滅 관련 부적

사람이 살아가면서 맞닥뜨리게 되는 다양한 종류의 액이 있다. 이를 미연에 예방하거나 액을 당했을 때 이를 물리치고자 부적을 사용한다. 흔히 살이 끼었다거나, 동토가 발생했다거나, 관재가 끼었다고 한다. 9년마다 한 번씩 삼재가 든다고 하는데, 이는 인간의 운수에도 액이 끼일 수 있다는 관념을 보여 준다. 이러한 상황에 처하면 사람이 아프거나 집안에 좋지 않은 일이 발생한다. 이때 액을 해결하기 위해 해결책을 구하는데, 그중 하나가 바로 부적이다. 재액소멸과 관련한 부적의 종류를 살펴보면 다음과 같다.

삼재三災

간혹 운이 나빠 좋지 않은 일을 당하는데 그럴 경우에는 신수가 나쁘거나, 수액數厄이 끼었거나 삼재가 들었다고 한다. 이럴 경우에는 거리제나 노두독 놓기, 허새비(허수아비) 버리기 등의 의례를 통해 액을 막는다.

삼재는 사람에게 닥치는 세 가지 재해災害이다. 병난兵難·역질疫疾·기근飢饉 또는 수재水災·화재火災·풍재風災를 말한다. 12지로 따져, 태어난 해가 사巳·유酉·축丑년인 사람은 해亥·자子·축년에, 신申·자·진辰년인 사람은 인寅·묘卯·진년에, 해·묘·미未년인 사람은 사·오午·미년에, 인·오·술戌년인 사람은 신·유·술년에 삼재가 든다고 한다. 따라서 사람은 9년마다 삼재를 당하게 된다. 삼재운이 든 첫째 해를 들삼재, 둘째 해를 누울삼재, 셋째 해를 날삼재라고 하는데, 가장 불길하기로는 들삼재이고, 다음이 누울삼재, 날삼재 순이다.

이처럼 삼재는 누구에게나 주기적으로 닥치는 것이기 때문에, 삼재소멸부는 지금까지 가장 빈번하게 사용되어 왔다. 삼재가 무엇인지 명확히 알지 못하는 사람들도 삼재소멸부만큼은 가지려 한다. 이는 한해의 시작과 더불어 불운을 극복하려는 종교적인 정서에 기인한 것이다.

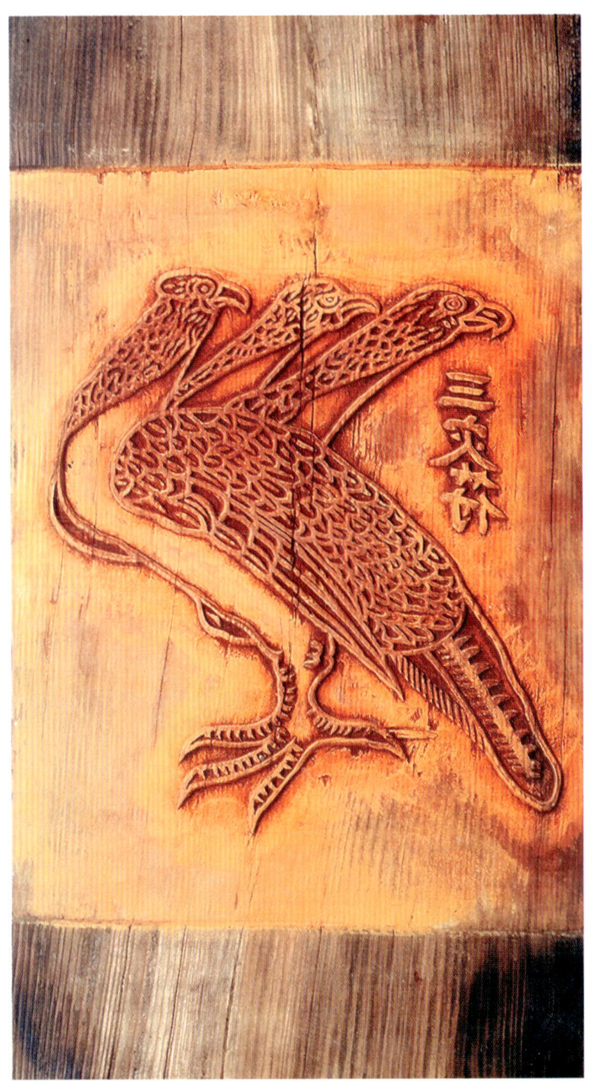

삼두일족응부 가회박물관 소장

삼재부적 중 대표적인 것은 삼두일족응부三頭一足鷹符이다. 머리가 셋 달린 매 그림은 조선조 전기의 회화에서 발견되었는데, 시대의 변천에 따라 부적 그림으로 변형된 것으로 보인다.[89] 그 후 많은 수요에 부응하기 위해 판화로도 제작된 것 같다. 삼재의 운이 닿은 사람은 이 부적을 문미門楣에 붙여 삼재를 예방하거나 물리친다. 매는 무용, 재앙소멸, 사신의 역할을 담당한다는 설이 있지만, 이렇게 액막이 그림에 사용하게 된 연유에 대해서는 이규경의 『오주연문장전산고』에서 언급한 부분을 찾아볼 수 있다. 청대 실학자 왕사정王士楨의 「지북우담池北偶談」에 실린 우화를 인용하면서 "옛날 중국 무창武昌 장씨張氏 집 며느리가 휘종황제徽宗皇帝의 친필 매 그림을 보고 마당에 나둥그러지면서 여우의 본색으로 돌아갔다"는 이야기에서 비롯되어 매 그림이 액막이로 쓰이게 되었다고 한다.

한편 삼두매를 흔히 세발까마귀에 비유하기도 한다. 세발까마귀는 태양신으로 비유되는데, 고구려 동명왕이나 신라 박혁거세의 난생설卵生設은 곧 태양신(삼족오)의 아들임을 의미한다. 고구려 고분 천왕지신총天王地神塚 주실主室 천공도天空圖를 통해서 이러한 난생 신화의 비유는 잘 설명될 수 있다.

또한 중국 최초의 대표적 신화집인 『산해경』의 서차삼경西次三經과 북차삼경北次三經을 보면, 익망산이라는 곳에 기여라고 하는 까마귀 같은 새는 세 개의 머리와 다섯 개의 꼬리를 가지고 있다고 한다. 이를 먹으면 가위도 눌리지 않고 흉한 일도 막을 수 있다고 한다.

경산景山에는 세 개의 발이 달린 산여라는 새가 있는데, 이 새가 나타나면 그 고을에 두려운 일이 생긴다. 이들은 삼재부의 삼두일족응과 부주부鮒呪符 붕어부적는 비슷한 형상이므로 신화적 해석이 가능하다.

이러한 종류의 원초적인 이미지들은 주로 신화적 상징 체계 속에 자리 잡고 있으면서 민간신앙 체계나 습속에서 생명력을 유지하고 있다. 오래된 무덤의 부장품이나 벽화, 부적에 이러한 이미지들이 주로 등장하는 것은 이들이 인간의 무의식에 깃들여 있는 원형을 자극하기 때문이며, 우리는 이들을 통해서 우리 삶의 근처에 있는 원초적인 생명력에 대한 암시를 받는다. 그리고 그 상像들이 상식적인 질서 속에 자리 잡고 있는 사물을 재현한 것이 아님을 역설적으로 보여주고 있다. 그것은 인간의 물리적 질서 너머의 세계, 다시 말하면 마음의 세계, 영혼의 세계를 암시적으로 보여주고 있는 도상들이다. 보이지 않는 세계, 초월적인 세계는 역설적인 방식으로 표현될 수밖에 없다.

또한 역설과 모순이 신성으로 상징화되기 이전의 살아있는 우주의 본 모습이며, 성상聖像은 모두 이러한 개념적 역설을 내포하고 있는 형상들이다. 비교 신화학자인 조셉 캠벨Joeph Cambell은 세계 전체가 지니고 있는 삶과 죽음의 역설, 끊임없이 생겨났다가 사라지는 일을 반복하고 있는 우주 전체의 힘이 바로 신성이라 말하고 있다. 신성이 상식의 범주를 넘어서는 형상들, 합리적 질서 속에서 비정상이라 불리는 형상들로 표현되는 것은 신성 그 자체가 인간의 개념적 규정이나 합리적 이해의 차원을 넘어서는 것이기 때문이다.

이렇듯 매는 액막이로서 한 세계와 다른 세계를 매개하는 사자使者로서, 그리고 초월적인 신성의 존재로서 확고한 자리를 차지하고 있다.

- ●진삼살鎭三殺
- ●입삼재부入三災符 ·중삼재부中三災符 ·출삼재부出三災符
- ●삼재소멸제살부三災消滅除殺符
- ●삼재소멸부三災消滅符 삼두매 : 三頭一足鷹能食三鬼
- ●삼재팔난소멸부三災八難消滅符
- ●해오행구요부解五行九曜符

위에서 보듯이 삼재부는 매우 다양하다. 그중 가장 대표적인 삼두일족매는 머리가 셋 달린 매가 삼귀三鬼를 잡아먹는다는 의미를 담고 있다. 간혹 독수리로 표현되기도 하고, 호랑이와 함께 그려지기도 한다. 독수리는 매와 같이 맹수로서의 성격을 지니

고 있으며, 호랑이 역시 맹수로서의 강인한 힘 때
문에 사용된 것으로 여겨진다.

삼재부에 그림과 더불어 나타나는 글은 다음의
일곱 가지로 구분된다. 축진삼재귀逐盡三災鬼, 삼재
소멸부 제살천형성三災消滅付 除殺天刑星, 삼재소멸제
살三災消滅除殺, 삼재팔난소멸부三災八難消滅符, 악병귀
추제신 태을천상군진언惡病鬼追除神 太乙天上君眞言, 삼
두일족응 축진삼재귀三頭一足鷹 逐盡三災鬼, 해오행구
요부解五行九曜符 등이 있다. 이러한 글귀는 삼두매의
성격을 확실히하며, 아울러 삼재구축에 더 강력한
주력을 부여한다. 축진삼재귀라는 명문은 삼재귀
를 모두 물리친다는 의미가 담겨있다. ‘삼재귀’ 라
는 용어는 결국 삼재를 귀신과 같이 사악한 존재로
여기는 관념이 내재되어 있다. 삼재소멸, 부제, 살

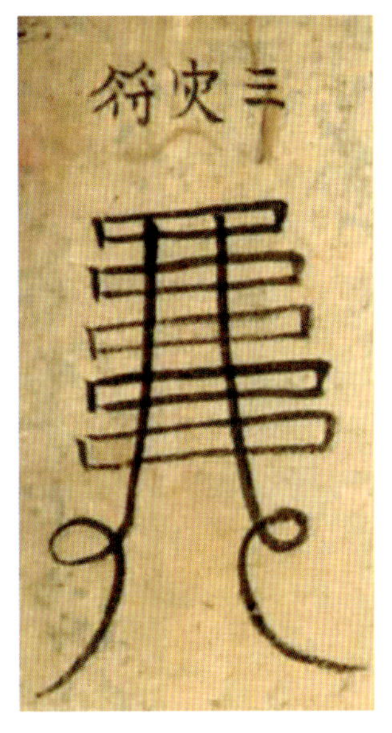

삼재부 각양부적

천, 형성이라는 것은 삼재를 없애고, 붙은 것을 제거하고, 천기를 죽이고, 별의 기운을
형벌한다는 뜻으로, 결국 삼재와 같이 불길한 액운을 떨쳐버리겠다는 의미를 담고 있
다. 삼재소멸제살은 삼재를 소멸시키고, 모든 살을 제거하겠다는 의지가 담겨있다.
삼재팔난소멸부는 삼재로 인해 발생할지 모를 여덟 가지 재난을 소멸시키겠다는 것
이다.

사람의 운수는 해[年]를 기준으로 하여 달라진다. 어떤 해에는 길하기도 하고, 어떤
해에는 흉하기도 한다. 때문에 정초가 되면 토정비결을 보거나 무당이나 절의 스님을
찾아가 신수身數를 본다. 길하다면 좋겠지만 만약 흉하다면 다양한 의례를 베푼다. 거
리제, 서낭제, 용왕제龍王祭, 횡수橫數막이, 삼재풀이 등의 의례는 모두 이러한 경우에
해당된다. 그러나 삼재의 경우에는 대체로 부적을 함께 사용한다. 거리제가 거리의
‘길대장군’에게 부탁하여 나쁜 액운을 막는 것이라면, 용왕제는 용왕에게 부탁하고,

서낭제는 서낭님께 부탁하는 의례이다. 횡수막이는 나쁜 액인 횡수를 막는 것이며, 삼재풀이는 나쁜 운수인 삼재를 푸는 것이다. 다른 것이 대상 신령께 돌보아 달라고 부탁하는 것이라면 횡수와 삼재는 운수를 직접 푸는 것이다. 횡수와 삼재는 그것을 도맡는 신령이 존재하지 않기 때문에 횡수막이와 삼재풀이의 경우에는 특별히 허수아비를 만들거나, 삼재가 든 사람의 옷을 가져다가 일정한 물건으로 대수대명代數代命을 시킨다. 어찌 보면 더 강력한 제액除厄의 방법이 아닐까 싶다. 횡수막이와 달리 삼재풀이의 경우에는 부적을 추가적으로 사용한다. 삼재는 그중에서 가장 극복하기 어려운 것이기 때문이 아닐까 한다. 다른 것은 대개 1년 단위로 불운이 드는데, 삼재는 3년 동안 불운이 든다. 따라서 사람의 운수 중에 가장 흉凶한 삼재와 관련하여 더 부적이 발달된 것으로 보인다.

살煞

살은 무엇인가 알 수 없는 불길한 기운을 말한다. 그 기운의 종류는 인간의 삶의 요소요소에서 발생할 수 있는데, 그 내용은 다음과 같다.

조객살弔客煞, 호신살護身煞, 야제살夜啼煞, 구교살句絞煞, 난발살亂撥煞, 충천살沖天煞, 흥왕살興旺煞, 미혼살迷魂煞, 호리살狐狸煞, 관부살官府煞, 기로살氣路煞, 암시살暗矢煞, 투하살投河煞, 화개살華蓋煞, 형해살刑害煞, 모재살耗財煞, 주조살走躁煞, 구녀성살九女星煞, 매아살埋兒煞, 백호살白虎煞, 암해살暗害煞, 현량살懸梁煞, 투정살投井煞, 경안살經眼煞, 흉악살凶惡煞, 투애살投崖煞, 공인제살工人除煞, 부부원진살夫婦怨嗔煞, 사골투태살死骨投笞煞, 오귀살五鬼煞, 혈기살血氣煞, 투생살偸生煞, 장군살將軍煞, 연태성살硯台星煞, 유귀살游鬼煞, 말두살抹頭煞, 관부살官符煞, 발난살撥亂煞, 삼형육해살三形六害煞, 경안살硬眼煞, 단명살短命煞

위에 열거한 살과 관련한 부적은 인간에게 끼일 수 있는 살의 종류를 나열한 것이다. 살의 내용은 대부분 인간의 삶에서 불운과 관련된 것들이다. 특별히 피하고 싶은 내용들이 다수를 차지하는 것을 보면, 살부는 결국 인간 삶의 부정적인 요소를 없애고자 하는 문화적 장치라고 할 수 있다. 몇 가지만을 예를 들어 살펴보도록 하자.

오귀살이 사주에 있으면 집안에 평지풍파가 많고 우환질고가 따르며 관재, 구설, 손재 및 심하면 부부 이별 또는 상패를 당하여 고독하게 지내는 경우가 많다. 이 경우에는 오귀살부를 써서 일 년간 몸에 지니게 하면 액을 면할 수 있다고 했다. 말두살이 있는 사람은 남과 의사충돌이 심하고 시비 구설이 따르며 풍파가 심하여 사업에 실패가 많다. 여자는 가정불화가 많고 또는 해산 때에 난산을 면치 못한다고 하므로 말두살부를 사용하여 이를 막으려 했다. 단명살이 사주에 끼면 어려서부터 질병으로 인해 잘 자라지 못한다고 하는데, 단명살부를 써서 출산 후 아기방 문에 붙여두면 액운을 면한다고 했다.

이 밖에도 문상을 다녀 오는 것, 몸을 보호하는 것, 밤에 울부짖는 일, 구부러지고 꼬인 것과 관련된 것, 어지럽게 휘어진 것, 충천살이 낀 것, 흥왕살이 낀 것, 혼에게 빠진 것, 여우와 이리처럼 돌아다니는 것, 관부의 살이 낀 것, 기로살이 낀 것, 암시살이 낀 것, 물에 빠지는 살이 낀 것, 호개살이 낀 것, 연태성살이 낀 것, 재산이 주는 것, 대들보를 매달 때 낀 것, 우물에 빠질 살이 낀 것, 아이를 매장할 때 낀 것 등 다수가 존재한다. 사람이 살면서 좋지 않은 일은 살이 낀 것으로 이를 풀어야 한다. 살풀이와 더불어 이러한 부적을 사용함으로써 위해한 것을 해결하고자 하는 것이다.

동토動土

동토는 흙이나 쇠, 나무 등의 물건을 잘못 다루었을 때 발생한다. 동토는 그 탈의 원인이 되는 것을 토대로 하여 흙동토, 나무동토, 쇠동토(철물동토), 무색동토 등으로 나뉜다. 이외에 아래의 부적 유형에서 보듯이 측간을 잘못 건드려도 동토가 난다. 이 중 특히 측간은 주의해야 한다. "변소에서 쓰러지거나 빠지면 약도 없다"는 속담처럼 변소는 위험한 공간이기 때문이다.

● 동토부動土符

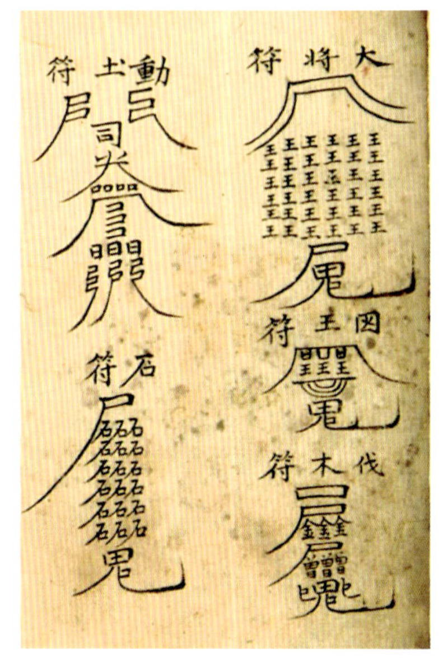

동토부 각양부적

백사동토부 가회박물관 소장

- 동석부動石符

- 동목부動木符

- 동철부動鐵符

- 대장군동토부大將軍動土符

- 측간동토부測間動土符

- 백사동토부百事動土符

이는 동토를 유발시키는 대상에 따른 분류인데, 돌, 흙, 나무, 철, 측간 등의 사물과
대장군 방위 등이 그 기본이 된다. 이러한 구분은 전통적으로 동토를 질병을 발생시키
는 원인으로 여긴 데 기인한다. 결국 살아가면서 빚어지는 다양한 액厄의 표현 중 하나

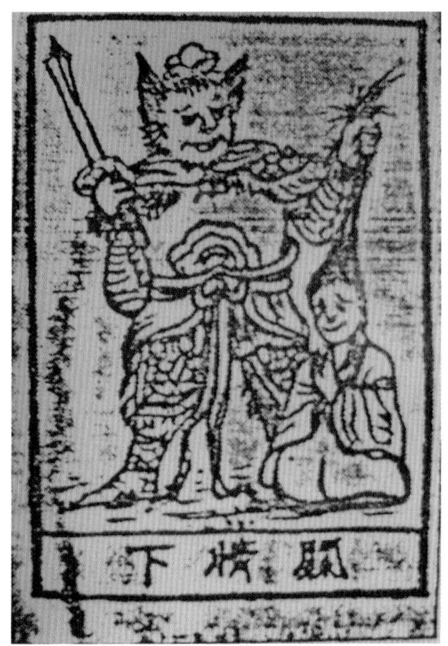

제첩부

인 동토를 예방하거나 치유하고자 동토부를 사용하는 것이다.

부부관계

부부관계와 관련된 부적의 대부분은 첩과 관련되어 있다. 제첩부除妾符라 하여 첩을
떼어 내는 부적이 있고, 축첩별산부와 축첩각별부라 하여 첩과 이별하도록 하는 부적
이 있다.

- 제첩부除妾符
- 축첩별산부逐妾別散符
- 축첩각별부逐妾各別符
- 부부불화부夫婦不和符

●부부신액부夫婦身厄符

이 밖에도 부부가 불화하거나 육친이 불화할 경우에도 화합을 바라는 마음에서 부적을 사용한다. 부부의 경우 신액身厄이라 하여 몸에 낀 액으로 인해 불화하다고 여겨 이를 해결하고자 한다. 이처럼 인간관계에서 가장 기본이 되는 부부지간의 문제가 가장 큰 문제로 대두되는 것은 사회의 가장 최소 단위를 구성하는 가정이 바로 부부에서 비롯된다는 것과 관련이 깊다. 부부지간의 화평은 가정의 화평을 이끌고, 가정의 화평은 한 집안의 화평으로 이어지기 때문이다.

관재官災

관재는 관청과 관련하여 발생하는 재앙을 말한다. 살아가면서 소송에 휘말리거나, 관과 관련한 구설에 휘말린다면 사회생활이 어렵게 된다. 이러한 일을 미연에 예방하기 위해 부적을 사용하는데, 그 종류는 다음과 같다.

●관재부官災符
●관재구설소멸부官災口舌消滅符
●관재구설부官災口舌符
●쟁투시비소멸부爭鬪是非消滅符
●능피쟁송재액부能避爭訟符籍符
●송사순해부訟事順解符
●진구설부鎭口舌符
●구설소멸부口舌消滅符

관재 관련 부적은 관재부라 되어 있는 것을 기본으로 하여, 관재구설, 쟁투시비, 관재소멸(관재제액), 관재소환, 관액방지, 진관재불침 등과 송사와 관련한 능피쟁송재액,

송사순해 등과 구설과 관련한 진구설과 구설소멸에 관한 부적으로 나뉜다.

관재 중 가장 대표적인 것은 송사로, 1800년에 망월사에서 중간된 『진언집』에서도 그 내용을 파악할 수 있다. 능피쟁송부적으로 알려진 이 부적은 쟁송을 피하는 것이 당시에도 얼마나 중요했던가를 보여준다. 이러한 관심은 그 후에도 매우 지속적으로 나타난다.

관재를 예방하는 것은 관직을 가진 자나 그렇지 않은 자나 모두에게 필요하다. 때문에 송사를 막거나, 송사에서 승리를 하도록 하기 위해 이후 아이의 배냇저고리나 첫 경도가 묻은 천을 사용하는 방법도

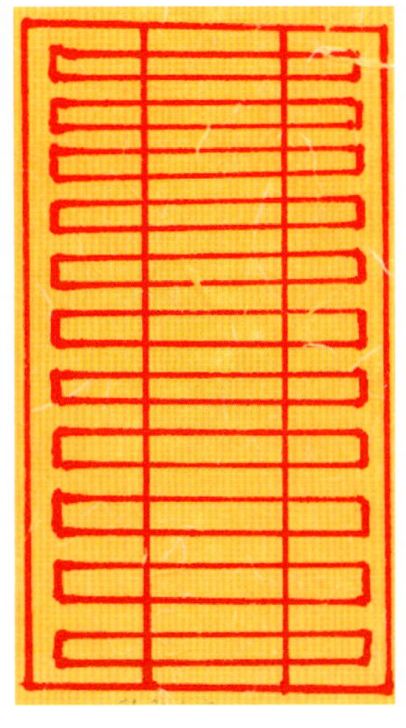

능피쟁송부

고안되었는데, 이는 어린아이가 입는 첫 번째의 것이라는 성질과 여성의 첫 월경이라는 첫 번째의 상징으로 불길한 운을 극복해 보고자 한 것이다.

한편 진구설부와 같이 사람의 말과 관련한 부적은 말의 중요성을 강조한다. '말로 천냥 빚을 갚는다' 는 속담이 있듯이, 말은 잘 사용하면 길하게 이용이 되지만, 잘못하면 구설수가 끼어 오히려 낭패를 본다. 남의 입에 오르락내리락 하는 것을 막아야만이 편안하게 생활할 수 있는 것이다.

출산

아이를 낳는 일은 '하늘과 땅이 맞닿는 순간' 이라고 하듯이 위험과 고통이 수반된다. 이러한 위험을 잘 극복하면 순산이지만 조금이라도 잘못되어 난산이 되면 산모와 아이가 죽음에 이른다. 그래서 혹시라도 있을 위험을 제거하기 위해 부적을 사용한다. 조선시대에는 아이를 낳지 못하거나 낳다가 사망한 여인의 원혼을 위무하기 위해, 여러 원혼들과 함께 여제厲祭를 지냈다. 가장 비극적인 영혼을 위무하는 여제의 대상이

되었다는 것은 비극적인 죽음뿐 아니라 그로 인한 한 가정의 파탄이 야기되기 때문이다. 때문에 난산을 극복하고 순산을 바라는 마음은 부적에 담겨지게 되는 것이다.

- 생사안산성취부生嗣安産成就符
- 산모천신수호부産母天神守護符
- 난산부難産符
- 자녀순산부子女順産符
- 출산액운예방부出産厄運豫防符
- 최생부催生符
- 유산방지부流産防止符

이동·여행·이사

이동을 하게 되면 자신이 속했던 공간이 아닌 낯선 공간과 접하게 되기 때문에, 혹여라도 탈이 날까하여 부적을 사용한다. 특히 여행이나 이사와 같이 미지의 공간으로 이동을 할 때 부적을 사용하는 경우가 많다. 이와 관련한 부적의 종류는 다음과 같다.

- 이동흉액제살부異動凶厄除煞符
- 원행이동대길부遠行異動大吉符
- 수륙원행부水陸遠行符
- 험로안전부險路安全符
- 이사흉험제살부移徙凶險除煞符
- 이가시제문부移家時諸門符
- 대장군부大將軍符
- 삼살방위부三煞方位符

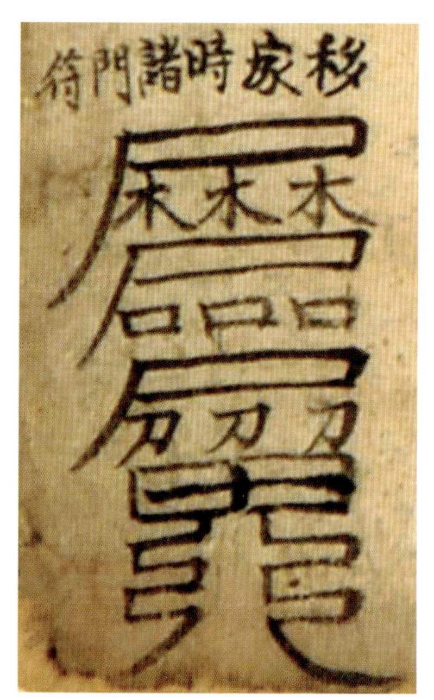

이사시제문부 각양부적

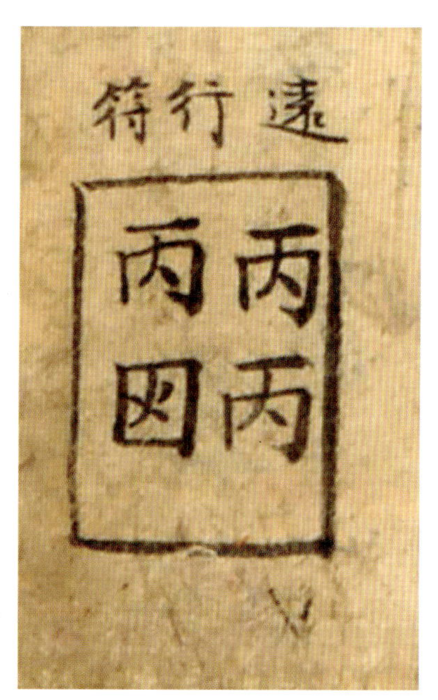

원행부 각양부적

이동이라는 것은 본인이 속한 공간으로부터 다른 공간으로의 움직임을 전제로 한다. 본인이 속한 공간은 마을이거나 가정이거나 다양한 신령들에 의해 보호를 받게 된다. 마을에는 마을신앙의 대상신인 산신과 거리신이, 가정에는 집터를 관장하는 터주를 비롯하여 건물 주인인 성주, 삼신 등이 보호한다. 그러나 외부 공간은 이러한 신령의 보호를 받지 못한다. 또한 외부는 잡귀잡신이 들끓는 곳으로 언제 그들의 공격을 받아 병을 얻거나 해를 입을지 모를 일이다. 따라서 그러한 액운을 물리치기 위해서는 위와 같은 부적을 사용해야 한다.

이때 모든 이동이 문제가 되는 것은 아니다. 가정에서도 잠시 장을 보러 갈 때는 안전을 위해 비손하지 않는다. 위의 부적 중 원행이동대길부처럼 원행일 경우나 험로일 경우에 많은 어려움을 겪을 수 있으므로, 이를 제어하기를 바라는 마음에서 부적을 사용하는 것이다. 이러한 경우에 부적 이외에도 각 가정에서는 부엌의 조왕이나 장독대의 터주에 청수 한 그릇을 바치고 돌아올 때까지 안전을 비손한다. 간절히 바라는 그들의 소망이 의례와 동일하게 부적으로 표현된 것이다.

한편 이사를 통해 기존에 살던 공간으로부터 새로운 공간으로 입주하게 될 때는 미래에 빚어질 우환이나 환난을 막아 평안한 가정이 되기를 기원한다. 그때는 이사흉험제살부를 사용한다.

이처럼 공간의 이동은 안과 밖이라는 구분된 관념에 기인한 것으로, 자신이 속한 공간과 그렇지 않은 미지의 공간에 대한 전통적인 관념을 파악할 수 있다.

망자 亡者

장례, 묘지의 수리 및 이장 등에 관련되어 발생하는 우환과 재앙 및 망자나 혼령으로 인한 일체의 환난과 귀살을 소멸시키고 천신과 불보살들이 인도하여 후손들에게 장애가 발생치 않게 하는 부적은 매우 다양하다. 먼저 망자의 세계를 살필 수 있는 부적을 살펴보면 아래와 같다.

- 당생정토부當生淨土符
- 해탈지옥고난부解脫地獄苦難符
- 죄멸성불환생부罪滅成佛還生符
- 파지옥극락왕생부破地獄極樂往生符
- 극락왕생견불부極樂往生見佛符
- 영생극락평안부永生極樂平安符

위의 부적들에는 망자가 죽어서 가게 되는 세계가 잘 드러난다. 우선 망자가 극락 왕생하기를 빌거나, 아미타불이 관장하는 서방의 정토가 그 대상이 된다. 이때 당생 정토부는 망자가 아미타불이 관장하는 서방정토에 환생하기를 바라는 마음에서 사용 하는 부적이다. 그러나 많은 경우 당생정토부를 대신하여 1777년의 『진언집』에 나오 는 대초관직부大招官職符를 사용하는데 이것은 당생정토부로 알고 잘못 이용한 것이다. 반대로 대초관직부를 당생정토부로 잘못 이용한 예도 있다.[90] 이는 부적에 대한 정확 한 내용을 알고 쓰는 것이 아니라, 대략 짐작으로 쓰는 분위기가 만연되는 것에 기인

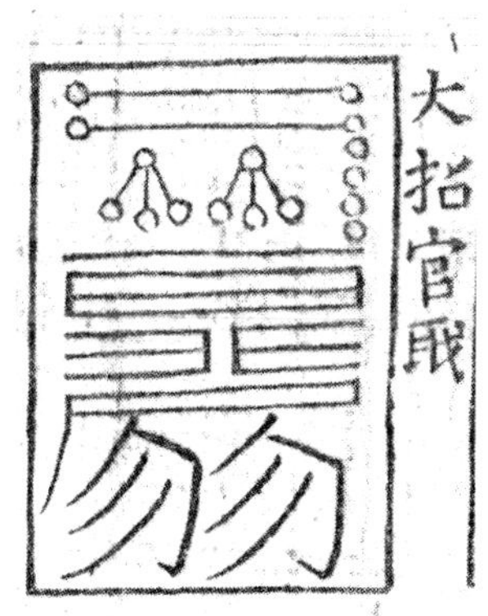

대초관직부 만연사 『진언집』, 1777

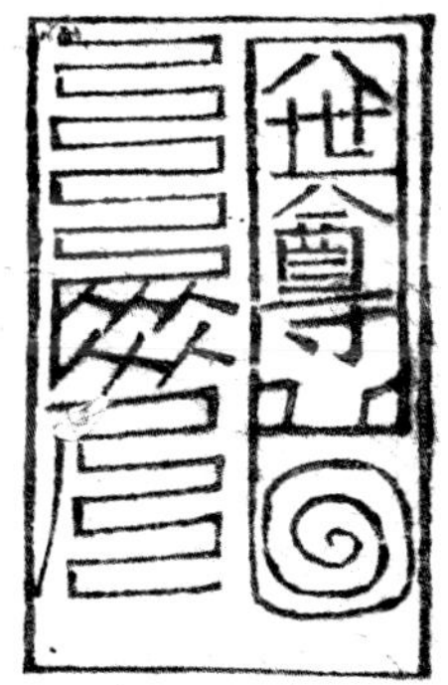

당생정토부 망월사 『진언집』, 1800

한다.

　지옥과 관련하여서는 지옥을 파하고 극락왕생하기를 바라거나 죄를 사하고 성불하여 환생케 되기를 바라며, 극락과 관련하여서는 극락에 올라 부처님을 보거나 극락에서 영생토록 평안하기를 바란다는 내용이 담겨져 있다. 이는 불교적 세계관이기도 한데, 당시 사람들이 생각했던 죽음 이후의 세계를 짐작할 수 있다.

　이로써 과거의 사람들이 죽은 자는 지옥이나 극락을 가게 된다고 여겼음을 알 수 있다. 자신과 관련한 조상이나 후손이 극락에 가지 못하고 지옥에 가게 되는 것을 막기 위해, 지옥을 파하고 극락으로 가기를 바라는 마음을 담은 부적이 있다는 것은 부적의 주력에 강한 믿음이 존재했음을 보여준다. 그리고 죽은 자의 세계에 대한 두려움과, 동시에 영혼의 안식을 바라는 산 자의 소망을 엿볼 수 있다.

　또한 극락에서 영생토록 평안하기를 바라고, 부처님을 만나기를 바라는 불교도로서의 모습이 잘 드러난다. 이처럼 부적에 표현된 죽은 자의 세계는 극락과 지옥으로 나뉘며, 지옥도 부적의 강력한 주력으로 파할 수 있다는 사고가 투영되어 있다.

- 파묘부破墓符
- 소충안장부掃蟲安葬符
- 진묘부鎭墓符
- 압광부押壙符
- 상주수앙부喪主受殃符
- 상여부喪輿符
- 함분압살부咸墳壓殺符

　위의 부적들은 묘소와 관련한 부적으로, 파묘부는 땅을 팠을 때에 혹시 일어날지 모를 일을 예방하기 위해 사용하는 부적이다. 파묘를 하려면 예로부터 산신제를 지내 그 땅에 시신을 매장하겠다고 산의 주인인 산신께 고해야 한다. 이에 혹여라도 발생할지 모를 액을 막기 위해 파묘부를 써서 묘의 네 귀퉁이에 넣는다. 이는 망자의 안장安葬을 위한 일이기도 하다. 소충안장부는 묘지에 해충에 의한 재앙, 또는 망자로 인한 우환이나 재액을 천신天神들이 막아준다는 부적이다. 망자의 영혼뿐만 아니라 육신도 보호되어야 하므로 이러한 부적을 사용하는 것이다.

압광부는 광중壙中 안의 모든 재액을 제어하기 위한 부적이다. 이 역시 망자의 육신의 안장을 위한 조치라 하겠다. 진묘부는 위의 세세한 부적을 총괄하는 부적으로, 묘와 그 안의 시신을 사악한 것들로부터 보호하기 위해 사용하는 부적이다.

이 밖에 상여나 상주 등에게 일어날지 모를 위해를 막기 위해서도 부적을 사용한다. 망자에 대한 처리를 매우 진중하게 하는 동시에, 초상으로 인해 상주에게 부정한 일이 발생하는 것을 막고자 하는 것이다.

풍수부는 위에서 언급한 부적의 종합편이라 할 수 있다. 초상, 면례, 개장, 수분 등 묘를 다루는 일에 사용하는 부적이다. 또한 풍수해로 인해 묘지가 파손되었을 때 사용하기도 하는데, 먼저 묘소를 손질하고 부적을 땅속에 묻어둔다. 그러면 묘탈이 생기지 않는다고 한다.

이상과 같이 묘와 관련한 부적은 묘를 파는 것으로부터 시작하여 묘분을 관리하는 것까지를 포함한다. 그 대상은 비가시적인 사악한 기운으로부터 벌레, 해충 등 직접적인 영향을 미칠 수 있는 것까지를 범주로 한다. 또한 시신뿐만 아니라 상여, 상주 등의 초상과 직·간접적으로 관련 있는 대상이 모두 부적의 보호를 받아야 하는 대상으로 설정된다.

- 상부정불침부喪不淨不侵符
- 조문문병부弔問問病符
- 상문부喪門符

위의 부적은 초상이 발생하면 부정이 발생하므로, 이로부터 조문객 스스로를 보호하고자 사용하는 부적이다. 조문이나 문병을 갈 때나 상여를 뒤따라갈 때에 초상과 관련하여 발생한 모든 부정을 막아내기 위해 사용한다. 이 밖에도 상거부와 같이 문상을 가는 사람들은 각자의 몸을 보호하기 위해 옷에 바늘을 끼우고 가거나, 경기도 임진 강 근처의 게가 많이 나는 지역에서는 게의 집게발을 주머니에 넣고 가기도 한다. 문 상에서 돌아오는 사람을 맞을 때도 집 밖으로 소금을 뿌려 혹여라도 묻어올지 모를 초 상과 관련한 부정을 막고자 했다. 이러한 행위들 역시 초상과 관련하여 발생할지 모를 여러 부정을 막고자 하는 의례이므로 부적의 일종으로 간주된다.

이상과 같이 초상과 관련한 부적은 망자의 영혼을 위한 부적, 시신이나 상주를 위한 부적, 초상집에 문상 온 사람들을 위한 부적 등으로 크게 나뉜다.

자연재해 · 수화재앙水火災殃

- 삼광백뢰왕뢰전불침三光百雷王雷電不侵
- 화재예방부火災豫防符
- 수화도액부水火度厄符
- 수재해난사고예방부水災害難事故豫防符
- 도우기청지수재화액부禱雨祈晴止水災火厄符

인간의 삶에 가장 심각한 피해를 입히는 화재와 수재를 비롯하여 홍수나 가뭄을 해결하기 위해서도 부적을 사용한다. 화재, 수재, 홍수, 가뭄 등은 인간의 생명과 삶의 터전을 소멸시킬 수 있기 때문에, 이를 예방하고자 하는 의지가 매우 컸을 것이다.

동물

- 추호부追虎符

- 가명부呵鳴符, 家鳴符

- 불시계명부不時谿鳴符

- 견굴지부犬堀地符

- 피서부避鼠符

- 조서사충부鳥鼠蛇蟲符

이 부적들은 가축家畜과 가금家禽의 대표적인 닭과 개, 쥐, 새 등이 집안과 일정한 관련을 맺는다는 관점에서 나타난 것이라 할 수 있다. 특히 닭이 시도 때도 없이 운다거나, 개가 땅을 파는 행위는 일반적으로 길하지 않은 것으로 여겨진다. 때를 알리는 닭이 시간을 관계하지 않고 운다는 것은 불길한 기운의 전조로 여겨지기 때문이다. 개가 땅을 파는 행위 역시 불길한 기운의 전주곡으로 간주되는데, 땅을 파는 행위 자체가 시신의 매장을 연상케 하기 때문이다. 집안에 있는 대표적인 가축인 개가 그러한 행동을 한다는 것은 결국 집안의 식구와 연계될 수 있다는 생각을 갖게 한다. 따라서 견굴지부는 집안 식구의 안전을 위한 조치라 하겠다.

피서부는 식량에 피해를 입히는 쥐를 쫓기 위한 부적이다. 그리고 조서사충부는 유해한 새, 쥐, 뱀, 벌레 등을 한꺼번에 소멸시키고자 하는 부적이다.

호랑이는 대표적인 맹수로서 전통사회에서 호랑이의 침입을 막기 위한 다양한 의례 중 하나로 부적이 사용되었다. 호랑이를 막아내는 일은 인간의 능력 밖의 일이므로, 부적을 통해 이를 극복하고자 했던 것이다. 결국 부적은 인간의 능력으로는 극복되지 않는 삶의 위기와 고난, 역경에 처했을 때 그것을 나름대로 극복하기 위한 적응

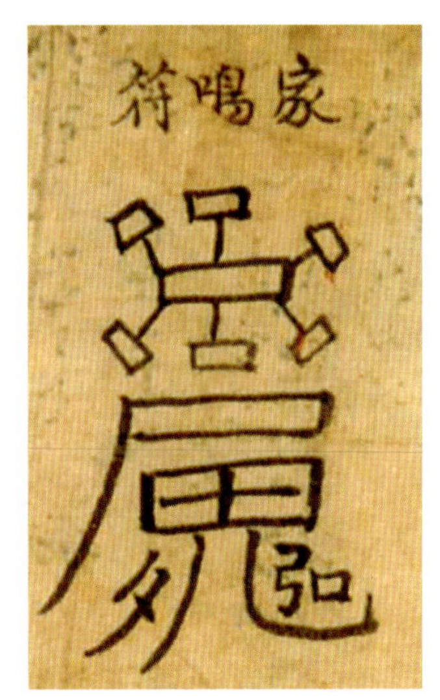

가명부 각양부적

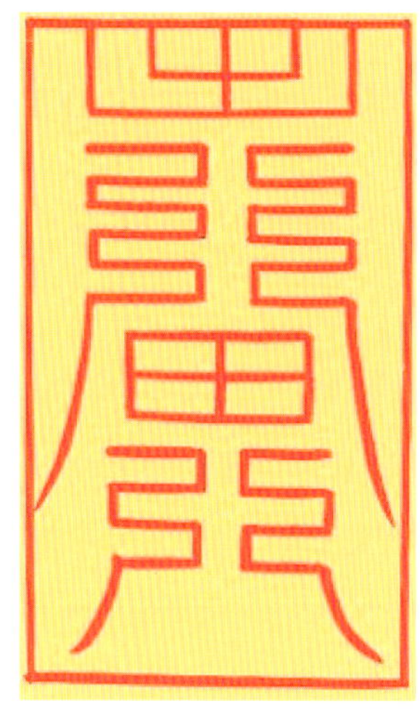

도적불침부

기제라고 할 수 있다.

도적

- 실물부失物符
- 도적불침부盜賊不侵符
- 실물갱득부失物更得符
- 도적실물방지부盜賊失物防止符
- 피절도령부避竊盜灵符

위의 부적들은 개인의 소지품이나 소유물을 잃어버리지 않도록 미연에 방지하고자 하는 부적이다. 실물失物은 부주의함과 뜻하지 않은 사고인데, 이를 방지할 수 있다고 여기는 것은 필요한 조치라고 할 수 있다. 또한 실물갱득부는 잃어버린 물건을 다시 얻을 수 있도록 하기 위해 사용하는 부적이다. 이러한 일조차 주술에 의지했다는 것은 당시의 삶 자체가 주술적이었음을 단적으로 보여준다.

모든 사악한 존재

- 팔진도부八鎭圖符
- 축사부逐邪符
- 도액부度厄符
- 백해소멸부百害消滅符
- 재해지난부災害之難符
- 고질원한저주해살부痼疾怨恨詛呪解殺符

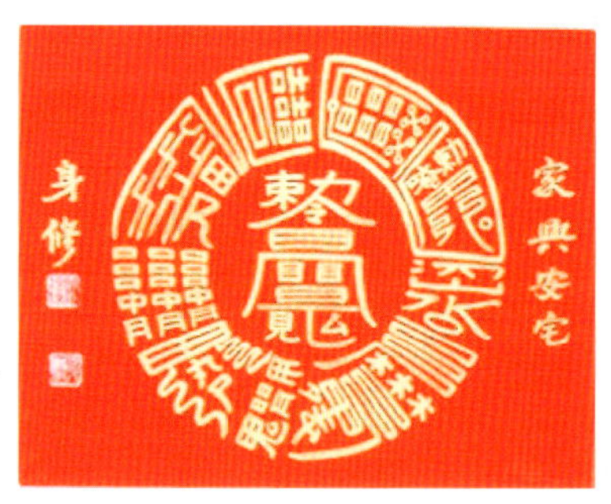

안택부

  분명하게 표현할 수는 없지만, 사람들은 인간의 삶에 유해한 존재가 있다고 믿는다. 그것은 부적에서 사邪, 액厄, 백해百害, 재해災害 등으로 표현된다. 그 중에서 인간에게 미치는 해악害惡을 백해百害라 표현한 것은 수없이 많다는 의미를 강조하는 것이다. 그중에도 재물의 손해를 구분하여 기술한 것은 그에 대한 강한 관심을 보여 주는 것이라 할 수 있다.

가택家宅

- 안택부安宅符
- 가내불안부家內不安符
- 우환소멸부憂患消滅符
- 가화지난부家禍之亂符
- 가운불화부家運不和符
- 축귀진택편안부逐鬼鎭宅便安符
- 진택축괴파사부鎭宅逐怪破邪符
- 고택입택시 진살평안부古宅入宅時 鎭煞平安符
- 가옥수리상충부家屋修理相沖符
- 가옥개수부家屋改修符

  위의 가택과 관련한 부적은 건물과 식구를 포함한 집안의 평안과 관련된 부적과 건물로써의 가택이 편안하기를 바라는 부적으로 나눌 수 있다. 전자는 집안이 편안하기를 바라는 부적을 중심으로 집안이나 가운이 불안할 때 사용하는 부적, 우환이나 화가 들끓을 때 사용하는 부적, 귀신을 몰아내어 집안이 편안하기를 바라는 부적이 포함된다. 이들 부적은 집안의 화평과 안전을 위해 불안, 우환, 불화, 귀신 등의 해가 되는 것을 구축하는 부적이다.

후자는 가옥을 수리하거나, 오래된 집으로 이사를 할 때 모든 살을 막고 평안하기를 바라는 마음에서 사용하는 부적이다. 집을 수리한다는 것은 동토가 날 수 있는 일이며, 안정된 집안을 흩트려 놓는 일이므로 혹여라도 불미스러운 일이 일어나지 않도록 부적을 사용하는 것이다. 고택의 경우는 새집과 달리 전주인과 밀접한 관련을 맺었고, 오랜 세월의 묵은 때가 묻어 있으므로 이를 제어하고자 부적을 사용한다.

사고

● 참사부斬死符

● 돌발사고방지부突發事故防止符

● 의외재난예방부意外災難豫防符

살아가면서 돌발사고나 그 밖의 재난과 마주치게 된다. 그래서 부적을 통해 미연에 이러한 액운을 막음으로써 평안한 삶을 추구하고자 했다. 근래에 들어서는 단순한 사고 방지 부적에서 차량사고방지 부적처럼 구체적으로 명시되는 사례가 늘고 있다.

꿈〔夢〕

● 십이지부〔진악몽부법鎭惡夢符法〕

● 악몽부惡夢符

십이지부는 흉한 꿈을 꾸면 이를 액땜하기 위해 사용하는 부적으로 십이지로 날을 구분하여 그날에 맞게 쓰도록 한다. 먼저 정수를 입에 머금고 오른손에 칼을 잡고서 6~7회 흔든 후 동쪽을 향해 뱉는다. 그런 다음에 '적적양양 일출동방 차부단각악몽 발제불상 급급여율령赤赤陽陽 日出東方 此符斷却惡夢 拔除不祥 急急如律令'이라고 주문을 외운 후에 주사로 그린 부적을 쓴다.

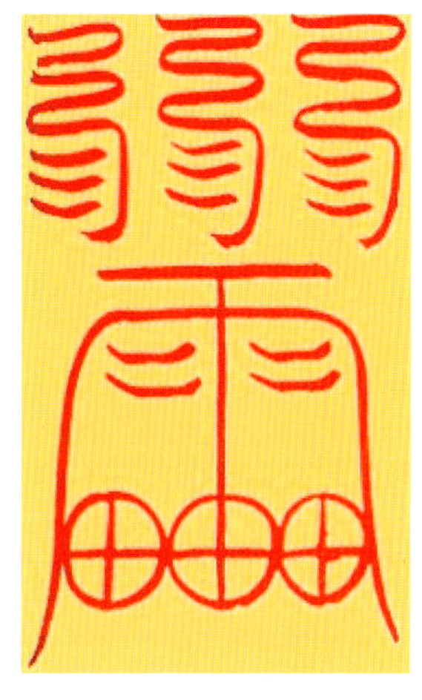

악몽퇴치부

꿈은 인간의 삶의 많은 부분을 예시한다. 태몽胎夢을 통해서는 아이의 성별과 아이의 건강 등을 예측하며, 일상적인 꿈을 풀이함으로써 미래를 예측하기도 한다. 악몽惡夢은 불길한 암시처럼 여겨지기도 하지만, 더 중요한 것은 숙면을 취하지 못하고 꿈에 시달리게 된다는 것이다. 악몽을 꾸고 나면 잠을 잔 것 같지도 않고 마음도 편안하지 않으므로 이를 해결하고자 부적을 사용한다. 십이지부와 같이 그날의 일진에 따라 사용하는 부적이 있는가 하면, 악몽부처럼 어떠한 악몽에도 사용할 수 있는 부적이 있다.

재액초복

- 옥추령부玉樞令符
- 태을신부太乙神符
- 천신강림수복부天神降臨受福符
- 봉경수덕발복부奉經受德發福符
- 칠성부七星符
- 천신선신 수호부적天神善神 守護符
- 선신수호부善神守護符

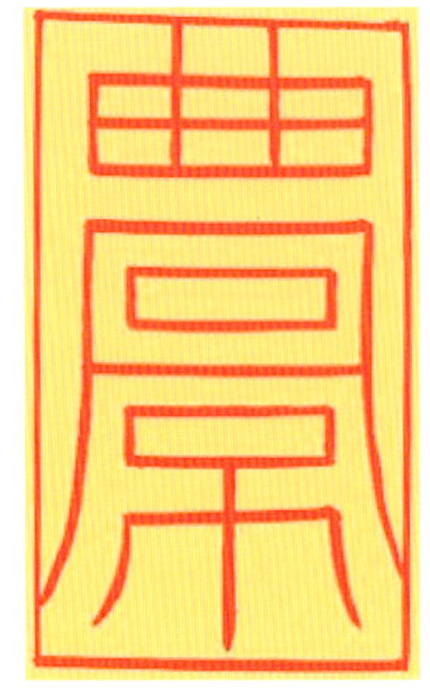

선신수호부

● 천신보우수신부 天神保佑守身符

태을신부를 지니면 사귀가 침범하지 못하며, 천신선신 수호부적을 지니면 천지간의 선신이 보호하여 위험과 환란으로부터 구하고 일체의 재앙과 고난이 소멸되어 복록과 평안을 누리게 된다.

선신수호부는 모든 액운과 잡귀를 물리치는 선신의 보호로 환난을 피하는 영험이 있는 부적이다. 천신보우수신부는 천신이 보호하며 위험과 환난으로부터 구해준다. 소구령삼정부는 천지간의 9가지 지령과 일월천의 정기가 보호하여 모든 우환과 고난을 소멸시킨다.

이처럼 재액은 자연재해로부터 인간이 야기시키는 온갖 재난을 포함한다. 심지어 도둑을 예방하는 부적, 돌발 사고를 미연에 방지하는 부적까지 있는 것을 보면, 인간을 둘러싸고 발생할 수 있는 온갖 재난이 모두 망라된다고 하겠다. 그중에서도 자연재해에 대한 비중이 높은데, 인간의 운명과 관련되는 삼재, 풍운뇌우 등의 자연재해, 화재 등의 인재를 포함한다. 자연재해는 우리들 주변에서 가장 위협적인 것인 동시에, 인간의 힘으로는 제어할 수 없는 특징을 지닌다. 인간의 능력 밖의 일들을 해결하기 위해 다양한 종교적인 방법이 동원되듯이 부적은 그러한 부면에서 인간 삶을 조절하고, 질서화시키고자 하는 욕구가 반영된 것이다.

호랑이 부적

18세기에 씌어진 『오주연문장전산고』를 보면, 우리나라에 호환虎患이 많아 산군山君이라 하여 무당이 진산鎭山에서 도당제를 올렸다고 한다. 제사가 마음에 들지 않으면 호랑이가 성내어 울부짖고 마을에 내려와 사람이나 가축을 물어갔다고 한다. 『후한서』「동이전東夷傳」의 기록에는 "호랑이가 사람으로부터 신으로 받들어져 제사까지 지낸다"고 하였다. 이렇듯 호랑이는 한국인에게 '무서운 맹수'와 '수호신'이라는 토템적 이중성을 갖고 있다.

호랑이 뼈는 사악한 기운의 병귀를 죽이며 악창을 치료한다고 했다. 또한 경풍, 학질, 악성 종기 등의 병을 물리치는 데도 좋다고 한다. 무엇보다 그 머리뼈는 더욱 효험이 있다고 했고, 해골을 베개로 사용하면 악몽을 물리칠 수 있다고 했다. 이러한 내용은 『본초강목』에도 언급되어 있다.

호랑이 부적은 삼재를 쫓고 자손창성을 도우며 업장을 소멸케 하고 벼슬길을 열어준다고 했다. 주사로 그린 호랑이 부적을 지니면 병귀가 달아나고 출입문 위에 붙여두면 귀신을 쫓는다고 했다. 또한 민화에서는 악귀를 퇴치하고, 임신부에게는 태교의 방편으로 쓰였다. 이와는 별개로 무덤 앞의 돌호랑이는 죽은 자를 망량 귀신으로부터 지켜준다고도 했다.

호랑이 부적은 호랑이만 나타나는 부적, 호랑이와 매가 함께 그려진 부적, 그리고 호랑이와 용, 호랑이와 현무 등이 그려진 부적 등으로 다양하게 나타난다.

●안전사귀치소멸眼前邪鬼齒消滅

●축삼재逐三災

●삼재소멸길상 호신진언三災消滅吉祥 護身眞言

●호랑이와 현무

●독수리

● 금난장禁亂將

● 부귀수호 삼재관재 소멸부富貴修好 三災官災 消滅符

위의 부적에는 모두 호랑이가 그려져있다. 축삼재에는 호랑이와 매가 그려져있고, 삼재소멸길상 호신진언에는 호랑이와 삼두매가 그려져있다. 이 밖에도 호랑이와 현무가 어우러져있기도 하고, 호랑이만 그려진 금난장도 있다. 금난장은 어지러운 것을 금지하는 장군이라는 뜻으로 호랑이가 그러한 역할을 맡고 있음을 의미한다.

호랑이의 강인한 힘은 주술적으로도 강인함을 나타낸다. 호랑이는 홀로 존재하기도 하지만, 까치나 삼두매, 현무, 독수리 등과 공존하기도 한다. 까치나 삼두매와 공존하는 것은 삼두일족응이 그려진 삼재소멸부와 마찬가지로 삼재를 소멸하는 부적으로 사용된다. 그러나 호랑이만을 그린 부적은 눈앞의 사악한 귀신을 소멸시키는 데 이용된다.

부록

주

1) 최덕원, 『남도의 민속문화』, 밀알, 1994, 223~265쪽.

2) 『조선왕조실록』에는 부적과 관련한 많은 내용이 수록되어 있다. 다양한 사례이
   지만 이들 모두에서 부적符籍이라 쓰고 있다.

3) 목편木片 또는 죽편竹片에 글을 쓰고 증인證印을 찍은 후에 두 쪽으로 쪼개어 한 조
   각은 상대자에게 주고 다른 한 조각은 자기가 보관하였다가 후일에 서로 맞추어
   증거로 삼는 것.

4) 장삼식, 「부적」, 『대한한사전』, 박문출판사, 1975. 중국에서는 여행권旅行券이나
   호적戶籍의 의미로 사용되어 왔으며, '부符'라고 할 때만 부적의 의미를 지닌 것
   으로 파악된다. (김종대, 「부적의 기능론 서설」, 『한국민속학』 20집, 1987, 1쪽)

5) 신준호, 「부적」, 『한국민속대사전』, 민족문화사, 1993.

6) 허버트 리드Herbert Reed, 『도상과 사상』, 열화당, 1982.

7) 김융희, 『예술, 세계와의 주술적 소통』, 책세상, 2000, 45쪽.

8) 마가레테 브룬스 지음, 조정옥 옮김, 『색의 수수께끼』, 세종연구원, 1999, 44~
   52쪽.

9) 一然, 『三國遺事』紀異卷第一 古朝鮮 "乃授天符印三箇. 遺往理之…"

10) 서영대, 「단군신화에 대한 일연구」, 『단군』, 서울대학교출판부, 1994, 40쪽.
    이능화, 『조선도교사』, 보성, 1927.
    김재원, 『단군신화의 신연구』, 정음사, 1947.
    기타바타케 치카후사北白自由親房, 『신황정통기』, 14세기 중엽.

11) 김호연, 『한국민화』, 庚美文化社, 1980, 123쪽.

12) 이규경, 『오주연문장전산고 上』, 동국문화사, 1959, 405쪽.

13) 후한後漢 응소應召가 지은 전 10권에 부록 1권으로 이루어진 책자.

14) 이러한 문신의 예는 종규에서도 찾아볼 수 있다. 섣달 그믐밤에 종규의 그림을 대문에 붙였던 것이 원대 이후로 오면서부터 단옷날의 습속으로 변하게 된다. 단옷날이 되면 붉은 먹으로 종규의 그림을 그리고 닭의 피로 종규의 눈을 그렸다고 한다. 이러한 종규신의 유래는 종終, 규葵라는 두 글자의 발음이 합쳐지면 몽둥이라는 의미가 된다. 옛날 사람들은 이 몽둥이로 귀신을 때려잡았다고 한다. 전인초 외, 『중국신화의 이해』, 아카넷, 2002, 151~159쪽 참조.

15) 『삼국유사』 권2, 처용랑 망해사 조

16) 김진영, 「처용의 정체」, 『처용연구전집 4』, 역작, 2005, 23~31쪽.

17) 『용재총화』 권1의 처용 놀이에 관한 기록에는 처용 놀이는 신라 헌강왕 때 비롯된 것이고, 처음엔 한 사람이 검은 베옷 사모를 쓰고 춤추었던 것이 이후 오방처용무가 되었다. 세종대왕이 곡절은 그대로 두고 가사를 고쳐서 봉황음이라 이름하여 조정의 정악으로 삼았다.

18) 진홍섭, 「귀면문」, 『한국민족문화대백과사전』, 1998.

19) 조자룡 씨는 이것을 치우의 벽사력壁邪力과 관계가 있다고 파악했다.

20) 치미는 용생구자龍生九子설에 의하면 용의 아홉 아들 중의 하나이다. 외형은 꼬리를 허공에 쳐들고 있는 모양으로서 일반적으로 알려진 용의 형상은 아니지만 용의 또 다른 변신이라고 할 수 있다.

21) 이를 강우방은 용의 모습으로 보기도 한다. 강우방, 「귀면화인가 용면화인가?」, 『문화와 나』, 2002년 겨울호.

22) 「치우」, 『동아원색대백과사전』, 1986.

23) 불탑佛塔을 수호하는 동물로 사자가 등장하는 것은 불법을 수호하는 동시에 벽사의 기능까지도 의미한다.

24) 최덕원, 앞의 책, 239쪽에서 고구려의 부적으로 구루신서를 들고 있다.

25) 서열길, 「신라 사리탑신앙의 밀교성」, 『한국불교학』 제17집, 한국불교학회, 1992, 44쪽.

26) 박태화, 「한국 불교의 밀교경전 전래고」, 『한국불교학』 제1집, 한국불교학회, 1975, 27쪽.

27) 문두루비법이란 『관정경灌頂經』이라는 밀교 경전에 나오는 주술로, 사천왕을 본존으로 하는 기도법회인 진병도량鎭兵道?에서 사용하는 의식을 말한다.

28) 여숙자, 「고려불교의 밀교적 요소」, 『이화여대 녹우회보』 21권, 1980, 23쪽.

29) 서윤길, 앞의 글, 47쪽. 무구정광다라니경은 기원후 700년경에 신라에 전해진 후에 곧바로 사리탑 신앙과 연결되었다고 보았다.

30) 이성미, 『우리 옛 여인들의 멋과 지혜』, 대원사, 2002, 34쪽.

31) 국문번역은 吳海仁. 譯註. 蘭雪軒詩集(서울:海仁文化舍), 1980, 26쪽.

32) 黃臺詞: 애도의 노래를 말함. 당唐고종과 그의 비 측천무후測天武后 사이의 골육상쟁을 비유해서 지은 장희태자章憘太子의 황대과사黃臺瓜辭. 吳海仁. 譯註. 蘭雪軒詩集 (서울:海仁文化舍), 1980, 27쪽.

33) 팔만대장경에 수록된 밀교경문들에는 부적이 다수 포함되어 있다. 한정섭, 「불교부적신앙소고―특히 밀교부를 중심으로」, 『한국불교학』 제2집, 한국불교학회, 1976.

34) 이희덕, 「고려시대의 기우행사에 대하여」, 『동양학』 11, 단국대 동양학연구소, 1981. 194~200쪽 참고.

35) 한정섭은 불교 부적을 주술적인 것과 비주술적인 것으로 양분하고, 그것과 관련한 부적을 개별적으로 소개하였다. 「불교부적신앙소고- 특히 밀교부를 중심으로」, 『한국불교학』 제2집, 한국불교학회, 1976.

36) 불교의 부적에 대한 논문으로 한정섭, 「불교부적연구 소고―특히 밀교부를 중심으로」(『한국불교학』 제2집, 한국불교학회, 1976)가 있다.

37) 「대장경목록」, 『한국민족문화대백과사전』, 한국정신문화연구원, 1992.

38) 서울 서대문구 홍제동에 위치한 홍제사의 성엄스님 블로그.
　　http://blog.naver.com/hholiness?Redirect=Log&logNo=80023350552

39) 『高麗史』第64卷, 志 第18, 禮6, 凶禮, 軍禮, 季冬大儺儀.

40) 이기문, 「불가살이 어원」, 『한국문화상징사전』, 두산동아, 1995, 336쪽.

41) 김보영, 「한국서사문학에 나타난 불가살이 연구」, 『도솔어문』 6호, 1990, 11
　　쪽, 재인용.

42) 강재철, 『한국 속담의 근원설화』, 백록출판사, 1980, 22쪽, 재인용.

43) 최래옥, 『구비문학과 기록문학의 전승체계―한국문학사 서술의 제문제』, 단국
　　대학교출판부, 1993, 33쪽, 재인용.

44) 방종현·김사현, 『속담대사전』, 교문사, 1949.

45) 의종毅宗대(1146~1170)에는 이녕이라는 화원이 궁중 내의 모든 그림에 관련된
　　일을 주관하였는데, 의종 15년 이녕 휘하의 화원 중 한 사람이 닭 그림을 그렸
　　을 가능성이 농후하다.

46) 홍석모, 『동국세시기』 정월 元日條.

47) 홍석모, 위의 책, 정월 원일조.

48) 허균, 『전통 문양』. 대원사, 1995, 52~53쪽.

49) 이능화, 『조선도교사』, 1927. 57쪽에서 도교가 우리나라에 들어오게 된 내력
　　을 고려 중엽으로 잡고 있다. 고려 예종조睿宗朝에 송宋의 도교道敎가 들어와 복원
　　궁福苑宮을 세우고 우류羽流를 두었으며, 문신상을 설치한 것은 이 때부터였을 것
　　이라고 추정한다.

50) 설성경 역주, 「춘향전」, 『한국고전문학전집 12』, 고려대학교 민족문화연구소,
　　290~291쪽.

51) 처음에는 연말의 풍습이었으나 후에 5월 5일로 옮겨졌고, 그림은 종규가 칼을
　　들어 박쥐를 쳐서 떨어뜨리는 그림을 선호하였다. 이것은 박쥐 복蝠 자가 복 복福

자와 비슷하기 때문에, 이것을 통해서 복을 받고 싶다는 마음을 표현한 것이다.

52) 전인초 외, 『중국신화의 이해』, 아카넷, 2002, 156쪽.

53) 김효경, 「음력 정월 세시풍속과 가정주부」, 『샤머니즘연구』 제5집, 한국샤머니즘학회, 2003, 27쪽.

54) 홍석모, 『동국세시기』 5월 단오 조.

55) 동두철액 = 구리머리, 쇠이마는 치우의 형상이기 보다는 투구를 쓰고 있는 무장의 모습으로 이해하기도 한다.(박희준, 「치우와 도깨비」, 『문화와 나』, 2002년 겨울, 23쪽.)

56) 『세종실록』 권3 26년 12월 30일 신묘조.

57) 허준, 『동의보감』, 雜病編 第10卷 婦人 安産方位圖 · 催生符 · 借地法呪.

58) 신명호, 「조선시대 궁중의 출산풍습과 궁중의학」, 『고문서연구』21, 한국고문서학회, 2002, 22쪽.

59) 박상국, 「파주 금릉리 경주 정씨 분묘에서 출토된 복식에 찍힌 다라니와 불교부적」, 『한국복식』 제16, 단국대학교 석주선기념박물관, 1998, 1~12쪽.

60) 한남대학교 박물관 발굴, 대전 월드컵 운동장 부지 지표조사 보고서(미발간), 2001년.

61) 「한국일보」, 2001년 6월 8일자 신문 참고.

62) 국립문화재연구소 김봉건 실장 인터뷰 내용(「한국일보」, 2001년 6월 8일자 신문 참고).

63) 홍순민, 『우리 궁궐 이야기』, 청년사, 1999, 131쪽.

64) 정종수, 『역사를 움직인 풍수이야기』, 웅진출판, 1999, 128쪽.

65) 한국불교태고종 태고총림 태고사 선암사 홈페이지에 게시된 내용 참고. http://www.seonamsa.co.kr.

66) 『어우야담於于野談』에 신임관新任官이 선임관들에게 첫인사(免新許參)할 때 반드시 대궐문루 위의 이 10신상 이름을 단숨에 10번 외워 보여야 받아들여진다(許

參) 하면서, 위와 같은 잡상의 10신상의 이름을 외게 했다고 전한다.

67) 강순독, 「잡상」, 『한국민족문화대백과사전』, 한국정신문화연구원, 1992.

68) 이 자료는 1800년에 망월사에서 중간한 『진언집』(고판화박물관 소장본)이다.

69) 바루공양 시 행하는 상용의례인 묵언작법.

70) 도교의 수련방법에는 호흡법을 통한 右道와 주문과 부적을 사용하는 左道의 두 가지가 있다.

71) 김혁재, 명문당. 1956, 10쪽, 98쪽.

72) 목판부적의 내용은 2001년 10월부터 2002년 1월까지 계명대학교 박물관에서 열린 「계명대학교, 영남대학교 박물관 교환 특별전 — 면과 선의 세계」(2001)의 내용을 기본으로 하였다. 당시 전시에는 목판인쇄물이 많이 선을 보였는데 대표적인 것으로 능화판, 시전지판, 부적판 등이었다. 이중 부적판만 대상으로 하였다.

73) 계명대학교 박물관, 「면과 선의 세계」의 팸플릿 자료와 영남대학교 박물관, 「면과 선의 세계」의 부적판에 개별 부적판들이 비교적 자세하게 소개되어 있다.

74) 최제우, 『동경대전』, 포덕문

75) 임태영, 「초기 동학교단의 부적과 주문」, 『종교연구』 제42집, 한국종교학회, 2006. 171쪽.

76) 「연합뉴스」 2004년 10월 5일자, '일본에서 한글부적 사용, 토속신 섬겨' 에서 발췌하였음.

77) 노성환, 「일본 속의 한글 부적」, 『일본학』 제22집, 동국대학교 일본학연구소, 2004, 269~275쪽.

78) 「신흥종교(대종교)」, 『한국민속대관』, 고려대학교 민족문화연구소, 1982.

79) 계명대학교 박물관, 「면과 선의 세계」

80) 전경욱, 「재승才僧 집단 연희자 연구」, 『민속학연구』 제11호, 국립민속박물관, 2002, 251쪽.

81) 심우성, 『남사당패연구』, 동문선, 1989, 27쪽, 32쪽.

82) 윤광봉, 『유랑예인과 꼭두각시놀음』, 밀알, 1994, 126쪽.

83) 강용권, 『한국 민속문화 연구』, 집문당, 1996, 152쪽.

84) 무라야마 지준, 위의 책, 306~364쪽.

85) 이필영, 「기독교 선교사의 민간신앙 이해」, 『서양인의 한국문화 이해와 그 영향』, 한남대학교출판부, 1989, 179쪽.

86) J. S. Gale, 『Korea Sketches』, 1898, 장문형 역, 『코리안 스케치』, 현암사, 1970, 103쪽.

87) 최덕원, 『남도의 민속문화』, 밀알, 1994, 35쪽.

88) 아키바 다카시·아카마츠 지조, 『朝鮮巫俗の硏究 上』, 朝鮮印刷株式會社, 1937, 203~204쪽.

89) 엄난희, 「부적 속에 반영된 민화에 관한 연구」, 원광대 석사학위논문, 1993, 34쪽.

90) 정재원, 『대운용신영부적』, 가림출판사, 1998.

참고 문헌

자료

『삼국사기三國史記』

『삼국유사三國遺事』

『구나행驅儺行』

『세종실록世宗實錄』

『광해군일기光海君日記』

『중종실록中宗實錄』

『선조실록宣祖實錄』

『숙종실록肅宗實錄』

『영조실록英祖實錄』

『정조실록正祖實錄』

『산림경제山林經濟』

『용재총화慵齋叢話』

『규합총서閨閤叢書』

『풍속통의風俗通義』

『송남잡지松南雜誌』

『증보문헌비고增補文獻備考』

『속박물지續博物誌』

『점필재집佔畢齋集』

『허백당시집虛白堂詩集』

『동국세시기東國歲時記』

『해동죽지海東竹枝』

『오주연문장잔산고五洲衍文長殘散考』

『각양부적各樣符籍』

『진언집眞言集』, 1800년

『산해경山海經』

『본초경本草經』

『설문해자說問解字』

『역경易經』

『형초세시기荊初歲時記』

『용담유사龍譚遺詞』

『동경대전東經大全』

『고종실록심문기록高宗實錄審問記錄』

단행본

강용권,『한국민속문화연구』, 집문당, 1996.

강재철,『한국 속담의 근원설화』, 백록출판사, 1980.

고려대학교 민족문화연구소,『한국민속대관—신흥종교(대종교)』, 1985.

김민기,『한국의 부작』, 보림사, 1987.

김영진 해제,『도령부신연구』, 민속원, 1985.

김융희,『예술, 세계와의 주술적 소통』, 책세상, 2000.

김태곤,『한국민간신앙연구 11. 금기, 주부, 주술』, 집문당, 1983.

김혁재,『소재길상 불경보감』, 명문당, 1965.

김호근·윤열수 엮음,『한국 호랑이』, 열화당, 1991.

박상진, 『다시보는 팔만대장경판이야기』, 운송신문사, 1999.

박용숙, 『한국화의 세계』, 일지사, 1982.

방종현·김사엽, 『속담대사전』, 교문사, 1949.

안경전, 『이것이 개벽이다 上』, 대원출판사, 1983.

안휘준, 『한국회화사』, 일지사, 1980

유덕선, 『영부靈符와 기문둔갑장신술奇門遁甲藏身術』, 이가출판사, 1992.

윤열수, 『만다라』, 대원사, 1992.

윤광봉, 『유랑예인과 꼭두각시놀음』, 밀알, 1994.

이능화·이재곤 역, 『조선무속고』, 동문선, 1991.

이성미, 『옛여인들의 멋과 지혜』, 대원사, 2002.

이중성, 『천지개벽경연구』, 대흥기획, 1946.

상기숙, 『형초세시기』, 집문당, 1996.

손진태, 『역사민속학 연구』, 민속원, 2003

신준호, 『한국민속대사전』, 민족문화사, 1993.

심우성, 『남사당패연구』, 동문선, 1989.

전경욱, 『한국 가면극 그 역사와 원리』, 열화당, 1998.

정동찬, 『살아 있는 신화 바위그림』, 혜안, 1996.

정재원, 『대운용 신령부적大運用 神靈符籍』, 가림출판사, 1998.

정종수, 『역사를 움직인 풍수이야기』, 웅진닷컴, 1999.

진현종, 『한권으로 읽는 팔만대장경』, 들녘, 1997.

이능화, 『조선도교사』, 보성문화사, 1990.

최덕원, 『남도의 민속문화』, 밀알, 1994.

최동환, 『천부경』, 지혜의 나무, 2000.

최래옥, 『구비문학과 기록문학의 전승체계—한국문학사 서술의 제문제』, 단국대 출판부, 1993.

한국정신문화연구원, 『한국민족문화대백과사전』, 1992.

한정섭 편저, 『한국인의 민속신앙』, 이화출판사, 1996.

한중수, 『령부대전』, 명문당, 1977.

성문재 감역, 『영부비전靈符秘傳』, 성문포교원, 1974.

허균, 『전통문양』, 대원사, 1999.

황경숙, 『한국의 벽사의례와 연희문화』, 월인, 2000.

홍순민, 『우리궁궐 이야기』, 청년사, 1999.

마가레테 브룬스 지음, 조정옥 옮김, 『색의 수수께끼』, 세종연구원, 1999.

미르치아 엘리아데 지음, 이재실 옮김, 『이미지와 상징』, 까치, 1997.

한국문화상징사전 편집위원회, 『한국문화상징사전』, 동아출판사, 1992.

한국정신문화연구원, 『한국민족문화대백과사전』, 한국정신문화연구원, 1991.

전경욱, 『한국의 전통연희』, 학고재, 2004.

학위논문

김성자, 「부적에서 보여지는 회화성에 관한 연구」,

　　　　경기대학교 조형대학원 미술학과 석사학위논문, 1999.

김의신, 「한국 무신도의 조형성연구」,

　　　　조선대학교 순수미술학과 석사학위논문, 1995.

노태범, 「부적의 미적 이미지 연구」, 중앙대학교 회화학과 석사학위논문, 1991.

박원용, 「한국 신종교의 민족주의사상에 관한 연구」,

　　　　원광대학교 불교학과 석사학위논문, 1999.

박영주, 「한국무속복식연구—황해도무당 전대주를 中心으로」

　　　　이화여자대학교교육대학원, 1974.

박혜경,「민화에 있어 부작에 관한 연구」,

　　　효성여자대학교 회화학과 석사학위논문, 1986.

엄난희,「부적 속에 반영된 민화에 관한 연구」,

　　　원광대학교 미술학과 석사학위논문, 1992.

이호재,「한국 신종교 사상에 나타난 무교적 요소」,

　　　가톨릭대학교 종교학과 석사학위논문, 2001.

최영숙,「한국부적에 나타난 시각언어의 기호론적 연구」,

　　　한양대학교 대학원 응용미술학과 . 1997.

최재숙,「부적으로서의 민화의 조형성과 상징성」,

　　　효성대학교 회화과 석사학위 논문, 1989.

한창원,「한국 부적에 나타난 문양연구—이조 공예품에 나타난 무늬를 중심으로」,

　　　중앙대학교 공예학과 공예디자인 전공 석사학위논문, 1979.

논문

강우방,「귀면화인가 용면화인가?」,『문화와 나』, 2002년 겨울호.

김민기,「호랑이 부작의 의미와 오행사상」,『불교사상』 1월호, 1986.

김보영,「한국서사문학에 나타난 불가살이연구」,『도솔어문』 6집, 1990.

김인회 外,『한국무속의 종합적 고찰』, 민족문화연구총서, 고려대학교, 1982

김종대,「부적의 기능론 서설」,『한국민속학』 20집, 1987.

김호성,「밀교 다라니의 기능에 대한 고찰—정통 인도종교의 만트라와 관련하여」,
『인도철학』 6권, 인도철학회, 2002.

김효경,「음력 정월 세시풍속과 가정주부」,『샤머니즘연구』 5집, 한국샤머니즘학
회, 2003.

민정희, 「광해군대 무속의 한 연구 : 癸丑獄事를 중심으로」, 『조선후기 민속문화의 주체』 실천민속학회, 집문당, 2004.

박광수, 「한국신종교 (천도교, 증산교, 원불교)에 나타난 신화, 상징, 의례 체계의 상관성에 관한 비교연구」, 한국종교학회, 2002.

박상국, 「파주 금릉리 경주 정씨 분묘에서 출토된 복식에 찍힌 다라니와 불교부적」, 『한국복식』 제16, 단국대학교 석주선기념박물관, 1998.

박태화, 「한국 불교의 밀교경전 전래고」, 『한국불교학』 제1집, 한국불교학회, 1975.

박희준, 「치우와 도깨비」, 『문화와 나』, 2002년 겨울.

서영대, 「단군신화에 대한 일연구」, 『단군』, 서울대학교출판부, 1994,

서윤길, 「조선조 밀교사상 연구」, 『불교학보』 20집, 동국대학교 불교문화연구원, 1982.

신명호, 「조선시대 궁중의 출산풍습과 궁중의학」, 『고문서연구』 21, 한국고문서학회, 2002.

신준호, 「부적」, 『한국민속대사전』, 민족문화사, 1998.

여숙자, 「고려불교의 밀교적 요소」, 『이화여대 녹우회보』 21권, 1980.

윤철기 · 오민석 · 송태원, 「『성제총록』에 나타난 부적에 대한 문헌적 고찰」, 『한국재활의학회지』 8권, 1998

이기문, 「불가살이―어원」, 『한국문화상징사전』, 두산동아, 1995.

이부영, 「사령의 무속적 치료에 대한 분석심리학적 연구」, 『최신의학 별책』 제13권 1호, 1970.

이필영, 「초기 기독교 선교사의 민간신앙 연구」, 『서양인의 한국문화 이해와 그 영향』, 한남대출판부, 1989.

이필영 · 김효경, 「민속분야」, 『청주-상주간 고속도로 건설예정지구 문화유적 지표조사 보고서』, 충북대학교 박물관 · 한국도로공사, 1999.

이현종, 「남해도서지방의 부적연구」, 여수문화원, 1987.

임태홍, 「초기 동학교단의 부적과 주문」, 『종교연구』 42, 한국종교학회, 2006.

장지훈, 「신라 불교의 밀교적 성격」, 『선사와 고대』 16권, 2001.

전경욱, 「재승才僧 집단 연희자 연구」, 『민속학연구』 11, 국립민속박물관, 2002.

전동혁, 「진언집, 비밀교로부터 본 이조밀교」, 『중앙승가대논문집 vol. 1』, 1992.

정창현, 「귀신에 대한 『황제내경』의 입장」, 『대한한의학의사학회지』 10권, 1997.

최광식, 「무속신앙이 한국불교에 끼친 영향-산신각과 장생을 중심으로」, 『백산학보』 26호, 1981.

한남대학교박물관 발굴, 대전 월드컵 운동장 부지 지표조사 보고서(미발간), 2001년.

한정섭, 「불교부적신앙 소고—특히 밀교부를 중심으로」, 『한국불교학』, 한국불교학회, 1976.

외국논저

Alan Carter Covell, Shamanism in korea, Folk art and magic, Hollym.

J. S. Gale, 『Korea Sketches』, 1898(장문형 역, 『코리안 스케치』, 현암신서 A~9, 1970).

『中國美術全集』46券, 民間年畵

張三植, 「符籍」, 『大漢韓事典』, 博文出版社, 1975.

村山智順, 『朝鮮の鬼神』, 朝鮮總督府, 1929(김희경 역, 『조선의 귀신』, 동문선, 1993).

赤松智城·秋葉隆, 『朝鮮巫俗の硏究 上·下』, 大阪屋號書店, 1938(심우성 역, 『조선무속의 연구』, 동문선, 1991).

기타

동방미디어, 『한국의 부적~부적의 역사 편』 CD ROM, 2002.

최인학, 『부적—CD ROM』, 발간사, 2003.

청정 장세일, 『염제신농씨비전부』(부적모음집), 2005.

도판 출처

『조선의 귀신』, 무라야마 지준, 동문선, 1990.
백일해 부적(105쪽), 충청도에서 사용했던 부적(106쪽)

『남도의 민속문화』, 최덕원, 밀알, 1994.
백병불입부(118쪽), 염병불입부(118쪽), 염황신불입부(118쪽)

「민화에 있어 부작에 관한 연구」, 박혜경, 1986.
제첩부(133쪽)

연합뉴스 2004년 10월 5일자.
일본 야마시로 주민들에 의해 전해지고 있는 한글 부적(95쪽)

* 이 책에 사용된 대부분의 도판은 적절한 절차에 따라 허가를 받았습니다. 저작권자를 찾지 못한 일부 도판에 대해서는 저작권자가 확인되는 대로, 절차에 따라서 허가를 받고 적절한 저작권료를 지불하겠습니다. 아울러 사진을 제공해주신 오나래 님과 반두환 님께 감사의 말씀을 전합니다.

빛깔있는 책들 101-37

한국의 벽사부적

글 | 김영자

초판 1쇄 발행 | 2008년 6월 25일
초판 2쇄 발행 | 2015년 11월 25일

발행인 | 김남석
발행처 | ㈜대원사
주　소 | 135-945 서울시 강남구 양재대로 55길 37, 302
전　화 | (02)757-6711, 6717~9
팩시밀리 | (02)775-8043
등록번호 | 제3-191호
홈페이지 | http://www.daewonsa.co.kr

값 9,800원

ISBN | 978-89-369-0272-8
　　　 978-89-369-0000-7 (세트)

빛깔있는 책들

민속(분류번호:101)

고미술(분류번호:102)

불교 문화(분류번호:103)

음식 일반(분류번호:201)